陈书伟 著

公共部门人力资本价值实现研究
GONGGONGBUMEN RENLIZIBEN JIAZHISHIXIANYANJIU

河南大学出版社
HENAN UNIVERSITY PRESS

·郑州·

图书在版编目(CIP)数据

公共部门人力资本价值实现研究/陈书伟著.—郑州:河南大学出版社,2018.10
ISBN 978-7-5649-3549-8

Ⅰ.①公… Ⅱ.①陈… Ⅲ.①公共部门－人力资本－价值－研究 Ⅳ.①D035.2

中国版本图书馆 CIP 数据核字(2018)第 240019 号

责任编辑	马 博 肖凤英
责任校对	解远文
封面设计	翟森森
出版发行	河南大学出版社
	地址:郑州市郑东新区商务外环中华大厦 2401 号　　邮编:450046
	电话:0371-86059701(营销部)　　网址:www.hupress.com
排　　版	河南大学出版社设计排版部
印　　刷	郑州市毛庄印刷厂
版　　次	2019 年 11 月第 1 版 　　印　次　2019 年 11 月第 1 次印刷
开　　本	890mm×1240mm　1/32 　　印　张　5.75
字　　数	120 千字 　　定　价　19.80 元

版权所有·侵权必究
本书如有印装质量问题,请与河南大学出版社营销部联系调换

前　言

公共部门属于知识密集型部门,人力资本价值的充分发挥对公共部门的发展有着举足轻重的作用。随着社会主义市场经济体制的基本建立,各项事业改革的深入推进,我国公共部门正在发生着深刻变化:逐渐由生产建设型部门向公共服务型部门转变。在公共部门的这种转型中,转型成效如何对经济社会可持续发展有着非常重要的意义。生产建设时期的公共部门,非人力资本价值在公共部门的发展中起着重要的作用,得到足够的重视,而公共部门人力资本的权益却处于被忽视的状态,这不但导致了公共部门人力资本没有得到充分的发挥,在一定程度上也限制了公共部门的发展和职能的发挥。公共服务时期的公共部门,人力资本的作用将对公共部门的发展和职能转变起着关键性的作用。然而,目前我国对公共部门人力资本价值的重视程度还远远不够,对公共部门人力资本价值的评估机制还不健全,公共部门人力资本价值也没有得到充分的实现。有鉴于此,在我国公共部门转型的重要时期,如何更加有效地实现公共部门人力资本价值,正是本文研究目的之所在。

人力资本是经济社会发展的源泉,也是公共部门发展与职能转变的核心要素,人力资本作用的充分发挥,对于公共部门的发展和经济社会的和谐具有十分重要的意义。从这个意义来说,公共部门人力资本价值实现至少有两个层面的含义:一是通过对公共部门人力资本价值的实现分析,探讨相关实现障碍,提出实现途径及机制,从而保障个体人力资本的权益,实现个体人力资本的发挥与价值增值;二是公共部门人力资本价值的实现,可以激励人力资本的充分发挥,为新时期公共部门职能转型、持续发展提供强大的智力支持。本文以公共部门人力资本价值实现为主线,运用人力资本相关理论,首先概括了公共部门人力资本价值理论体系,建立了人力资本评估的模型,通过对模型的分析,对公共部门人力资本价值进行评估;其次对我国现阶段公共部门人力资本价值实现的现状进行分析,在此基础上探讨了公共部门人力资本价值实现的影响因素;最后对我国公共部门人力资本价值实现的原则进行界定,对实现的条件进行分析,并积极探索了公共部门人力资本价值实现的制度保障及配套机制,以期对目前我国公共部门的人力资本价值的实现提供可以借鉴的政策导向。

目 录

第一章 绪论 ··· 1
  第一节 研究背景及意义 ························· 2
  第二节 国内外相关研究综述 ····················· 6
  第三节 研究方法与基本思路 ···················· 16
  第四节 主要内容及其创新点 ···················· 19

第二章 公共部门人力资本价值理论概述 ············· 22
  第一节 人力资本价值相关理论 ·················· 23
  第二节 公共部门人力资本价值理论 ·············· 34
  第三节 公共部门人力资本价值评估 ·············· 42

第三章 人力资本价值计量 ························· 54
  第一节 期权理论在人力资本价值计量中的运用 ···· 55
  第二节 人力资本的经济学计量模式与方法 ········ 68
  第三节 人力资本的会计学计量模式与方法 ········ 77

第四章 公共部门人力资本价值实现的必要性和可行性 ··· 95
  第一节 公共部门人力资本价值实现的必要性 ······ 96
  第二节 公共部门人力资本价值实现的可行性 ······ 101

第五章 我国公共部门人力资本价值实现现状及阻碍因素 …… 107
第一节 公共部门人力资本价值实现的现实状态 …… 108
第二节 公共部门人力资本价值实现中存在的问题 … 113
第三节 公共部门人力资本价值实现的阻碍因素 …… 120

第六章 公共部门人力资本价值实现路径探索 ………… 128
第一节 公共部门人力资本价值实现的基本原则 …… 129
第二节 公共部门人力资本价值实现条件 …………… 131
第三节 公共部门人力资本价值实现的制度保障 …… 146
第四节 公共部门人力资本价值实现的配套机制 …… 154

结语 …………………………………………………………… 160

参考文献 ……………………………………………………… 163

附录 公共部门人力资本价值实现状况调研访谈提纲 ……
……………………………………………………………… 171

后记 …………………………………………………………… 174

第一章

绪 论

我国社会主义市场经济体制的框架已基本形成并日趋完善,公共部门在经济社会发展中的职能正在发生深刻变化,处于重要的转型时期。与之相伴随,人员流动日益频繁、利益格局日益多元化,各种社会矛盾也日益凸显,许多深层次的矛盾日益突出,很多问题必须从理论上给予解决,公共部门人力资本价值实现问题则是诸多亟待解决的重要问题之一。本书在吸收、借鉴和利用现代管理学和经济学的有关研究成果及国内外有关人力资本相关理论研究的基础上,以人力资本价值理论为基础框架,探讨公共部门人力资本价值实现的问题。

第一节　研究背景及意义

一、研究背景

自美国著名经济学家西奥多·W.舒尔茨正式提出"人力资本"理论半个世纪后的今天,人们对人力资本的作用给予了充分的认识与重视,人力资本的重要性也被众多国家或组织尤其是市场经济发达国家及其组织的发展经验所证实:无论从宏观角度讲的国家或地区,还是从微观角度来说的组织或企业,人力资本对其获取强大的社会竞争力都扮演着重要的角色和起着首要的作用。正如比尔·盖茨所言:将我们公司最好的20人拿走,微软在世界上将变得无足轻重。

党的十九大提出,必须坚持以人民为中心的发展思想,不断促进人的全面发展、全体人民共同富裕。这就要求必须要重视包括公务人员、事业单位等公共部门人员的发展问题。从党的十六大以来,我国就在持续推进由人力资源大国转化为人力资本强国,这也意味着人力资本问题从理论层面上升到国家政策层面。我国是有13亿人口,8亿多人力资源的大国,但长期以来,我国对人力资源尤其是人力资本价值问题缺乏应有的认识,直到20世纪90年代后期,人力资源问题才得到较大的关注。当前我国公共部门正处于向公共服务型组织转型时期,如何在此转型过程中准确定位公共部门角色,更好地引导社会发展,是一个必须重视的课题。作为公共部门中具有能动性作用的人力资本在此转型中具有决定性作用。如何界定公共部门人力资本的价值所在,激发这些人力资本的积极性,是根本性的问题。尤其是经济进入新常态,大力推进产业升级背景下,探讨人力资本与人力资本价值,并寻求人力资本价值的实现,具有十分重要的意义。

对人力资本及相关理论的关注,说明我国已开始把对人的关注上升到把其作为一种资本的高度去研究。据笔者查阅的文献资料看,虽然理论界针对人力资本相关问题的研究已经进行了许多有益探索和大量论证,但其研究领域仍然集中于私人部门,公共部门涉猎相对较少,对公共部门人力资本特性的认识也不够全面。尤其表现在:对人力资本与公共部门关系研究中偏离了个体在公共部门的权益实现这一根本性问题。就现实来看,在知识经济的今天,人力资本越来越丰富,加之公共部门兴起,人力资本的属性日趋多样化与复杂化,从而使因公共部门人力资本特性界定、价值评估及价值实现等问题所引发的有关社会问题日益增多,当这一问题发展成为一种矛盾又得不到及时解决时,就会对公共部门人力资本个体价值的发挥产生抑制作用,不利于公共部门可持续发展和公共服务的提供。

在知识经济时代,如何指导中国政府部门界定人力资本价值,并将这种价值更加深入地融入公共部门职能转变之中,为公共部门人力资本价值实现提供理论支撑,为公共部门人力资本开发和管理实践提供理论指导,需要理论界重新思考并加以研究。

二、研究意义

公共部门人力资本价值实现问题之所以重要,是因为以下两个方面:一是我国公共部门正处于转型时期,在转型中,人力资本的因素具有决定性作用。如何激励人力资本个体发挥能动性,更好地服务于公共部门的可持续发展和公共服务的提供,对社会发展的意义十分重要。二是在知识经济时代,人力资本极大丰富,且属于不同的人所有,使因人力资本价值激励不足而引发的社会问题日益增多,当这类问题发展成为一种矛盾而又得不到及时解决时,就会对人力资本所有者的作用发挥产生不利影响,进而影响到公共部门良性发展和社会经济的和谐稳定。因此,有必要对公共部门人力资本价值这一问题以及有关内容进行研究。对公共部门人力资本价值实现问题的研究,具有重要的理论意义和现实意义,概括起来,主要表现为以下几个方面:

1. 不仅要重视人力资本、人力资本开发,更要重视对人力资本价值的评估与激励。传统的理论与实践虽然重视人力资本对经济社会发展的作用,重视人力资本开发,以提高人力资本的存量,但对于人力资本价值具体构成、人力资本的价值如何科学评估以及如何更好地利用价值激励人力资本的重视却显不够。人力资本相对于人力资本价值而言是显性的,而人力资本价值隐藏在其所有者之内并依靠其所有者积极性的发挥而起作用,因而具有潜在性与无形性。只注重人力资本,而忽视对人力资本价值的评估与激励,往往会使理论只局限于表面与浅层,不足以更好地指导实践。因此,重视人力资本开发,更应该重视人力资本价值评估与激励。

2. 人力资本重在增值。传统人力资本开发突出了对人力资本投资的意义,其缺陷在于只注重开发的形式,而没有关注其内在含义。价值增值从更深层次上认识到人力资本开发不只是一种形式,更重要的是建立一种后续开发的机制,为人力资本存量的增加和结构的优化提供新的思考角度,对实践具有积极的现实意义。

3. 合理评估公共部门人力资本价值。对公共部门人力资本价值合理评估,可以合理界定人力资本个体对公共部门的贡献及作用,建立有效的激励机制、补偿机制,对激发个体价值的充分发挥,更好地促进公共部门可持续发展和公共服务的提供,具有重要的实践应用价值。

4. 加快公共部门人力资源的流动,广泛开展部门间、职位间、领域间人才流动的频次与幅度。根据人力资本理论,流动是人力资本投资的重要方式之一,人才流动可以实现人力资本价值的增值。加强公共部门人力资源的流动,不仅要加强公共组织内部,公共组织与公共组织之间人力资源的流动,也要加强公共部门与私人部门之间的流动。

5. 合理配置公共部门人力资本,充分实现公共部门人力资本价值。人力资本的价值能否得以实现,最根本的是能否合理使用本部门人力资本,即把合适的人配置到合适的岗位上,最大限度发挥人力资本的价值,挖掘人力资本价值潜能。

第二节　国内外相关研究综述

人力资本理论自20世纪60年代第一次提出以来,逐渐被人们所重视,无论在国际还是在国内都得到了长足的发展。针对人力资本价值的研究如人力资本价值评估、人力资本价值计量等却是近年来出现的新课题。而对公共部门人力资本价值实现问题的研究,无论从国外文献来看,还是从国内的研究成果看,都涉及不多。本书分别从国外与国内来综述人力资本价值相关理论的研究动态。

一、国外研究综述

古希腊的柏拉图是最早关注人力资本价值的学者之一。其代表作《理想国》最早对教育和训练的经济价值进行了阐述。此后,英国古典政治经济学家威廉·配第在他的代表作《政治算术》中提到人在财富创造过程中的重要作用,并进一步提出人力资本的价值作用[①]。

18世纪,英国古典政治经济学鼻祖亚当·斯密在其代表作《国民财富的性质和原因的研究》(1776)中,明确地把工人才能的增长视为社会经济进步和经济福利增长的源泉。在斯

---

① 刘伟艳.人力资本价值报告研究[D].上海财经大学博士学位论文,2005:20～55.

密看来,劳动生产率的提高对于经济增长具有十分重要的意义,因而他强调分工所导致的劳动生产率提高对经济增长的独特作用。这里,斯密不再把经济增长仅仅看作是依赖于生产要素投入的过程,这实际上是在经济增长内在机制的研究中明确提出了促进经济增长的途径问题。

有关人力资本价值的一些重要思想,值得一提的是庸俗经济学派的代表人物,法国的让·萨伊,他认为技能能够提高劳动生产率,但要通过一定成本获得,而公共教育费用有助于社会财富的增长和幸福的增进。因此,萨伊主张国家要充分开发人力资源,就应大力发展教育,提高人们的智能。此外,德国的李斯特和英国的其他古典经济学的代表人物穆勒也都表达过相关的一些思想。

最先意识到经济增长方式发生变化是由人力资本因素决定的并提出自己的理论模型的经济学家是罗伯特·索洛和另一位美国经济学家斯旺。索洛认为,增长的源泉除了资本和劳动力的投入之外,还有一个余值 A。索洛把这个余值 A 定义为用全要素生产率(TFP)提高表示的技术进步。这一理论一方面将技术进步看作经济增长的决定因素,另一方面又假定技术进步是外生变量而将它排除在考虑之外,这就使该理论排除了影响经济增长的最重要因素,形成了索洛之谜。

19 世纪末,新古典经济学的主要代表人物、剑桥学派的创始人英国经济学家阿尔弗雷德·马歇尔认为:所有资本中最有价值的资本是对人本身的投资所形成的资本。他明确指出"知识是我们最有力的生产动力",对人力的投资是创造物质生产财富的重要手段。他强调教育和培训对个人和国家的经济价值。马歇尔的经典论述,为之后的人力资本和经济发展的研究提供了有力的理论依据。

20世纪50年代,美国经济学家阿瑟·刘易斯提出的城乡二元经济模型,被认为是研究发展中国家经济发展的普遍理论。刘易斯1954年在《曼彻斯特学报》发表的《劳动无限供给条件下的经济发展》的著名论文,提出了典型的二元经济理论模式(即封闭经济条件下的二元结构模式和开放经济条件下的二元结构模式),从而为发展中国家由传统经济向现代经济转变提供了一般性或规律性的理论基础。

20世纪60~80年代,以美国西奥多·W.舒尔茨为领军人物的经济学家们(丹尼森、明塞尔、贝克尔、默、卢卡斯等)对现代经济发展的五大谜团即:现代经济增长之谜、马尔萨斯困惑之谜、资源短缺型国家现代化之谜、战败国战后崛起之谜和里昂惕夫之谜进行研究,研究结论是:现代经济发展之谜,源于人才资本的魔力(人力资本存量的增加)。而这里所说的人力资本存量的增加,实质上是本书所指的人力资本价值。人力资本的知识、技能和能力是具有经济学价值的资本,反映了现代经济发展中科技和教育在人力资本价值提升中的重要作用。

具体地说,1960年诺贝尔经济学奖获得者、被誉为"人力资本之父"的美国经济学家西奥多·W.舒尔茨,发表了题为《人力资本投资》的演说。舒尔茨不仅论述了知识和技能在经济增长中的作用,而且指出人力资本是社会进步起决定性作用的因素。"人类的未来要由人类的知识发展来决定","我们能够通过知识的进步来增加资源"。并且,他进一步指出人力资本的形成有教育、培训、医疗保健、迁移等方式;第一次明确地阐述了人力资本投资理论并对经济发展动力做出了全新的解释。1961年,他定量分析了美国1929~1957年期间教育与经济增长的关系,得出重要结论:教育投资增长的收益在劳动收入增长和国民收入增长中所占的比重分别为70%和33%。

1962年,美国经济学家爱德华·丹尼森估算了美国1929~1967年间,劳动者质量的提高(人力资本价值的提升)对国民收入的贡献为23%,再加上知识进展中人力资本效应的贡献为12%,人力资本对经济增长的总贡献达到35%。丹尼森等人实证研究人力资本在经济增长中的作用的结论,掀起了全球范围内探索知识经济的狂潮。

同年,美国经济学家肯尼斯·阿罗提出了干中学模型。阿罗在其构建的模型中,将技术进步因素描述为由经济系统本身决定的内生变量,把从事生产的人获得知识的过程内生化。认为"干中学"所积累起来的知识会随着投资规模的扩大而无限增长,并认为这是知识的外部效应。之后两年,美国经济学家加里·S.贝克尔较为深刻地阐述了人力资本投资问题,认为人力投资的支出主要是教育培训、保健、劳动力流动。"许多工人通过在工作中学习新技术并完善旧技术而提高了他们的生产率"。贝克尔的研究还为微观人力资本的研究提供了理论基础。1966年,纳尔逊和菲尔普斯的研究发现发展中国家的人力资本越高,其技术进步也越快,经济发展也越快。

到20世纪80年代中期,保罗·罗默和罗伯特·卢卡斯为代表的经济学家吸收了阿罗"干中学"模型中的思想,用人力资本解释持续经济增长,创立了新经济增长理论或称内生增长理论。对人力资本在经济发展中作用的认识达到了新的高度。罗默1986年在美国《政治经济学》杂志发表了"收益递增与经济增长"一文,正式提出"收益递增型的增长模式"(又称罗默模型)。在该模型中,生产投入包括四种类型并将知识作为一个独立的因素纳入经济增长模式。同时用这一模式来解释技术进步和经济增长。他认为,技术进步是研发活动的结果,是由研究部门的人力资本推动的,是经济增长的核心。即研究部门的人力资本、总人力资本越多,经济的均衡增长率越高,市场利率越低,均衡增长率越高。[1] 在此模型中,罗默提出了长期经济增长主要是由知识积累推动的。他认为人力资本存量决定经济增长率,不同国家因为投资于研究和开发的人力资本数量不同而获得的递增收益不同,所以富国可以持续长期发展,而穷国却长期"锁"在"低收入陷阱"里[2]。1990年,罗默在已有研究基础上又提出了"内生技术变化模型"。这是一个更加完善的新模型。模型中假设有资本、劳

---

[1] 杨明洪.论西方人力资本理论的研究主线与思路[J].经济评论,2001(1):90~92.

[2] P.M.Romer. Increasing Returns and Long-term Growth[J]. Journal of Political Economy,1986,94(5):1002~1037.

第一章 绪 论

动、人力资本和技术四种投入,他认为人力资本的特殊智能在于:通过促进自身收益递增,相应地促使劳动资本投入要素的收益递增,进而促进整个经济收益递增并保持可持续增长。这一模型的提出对于经济发展理论有着极其重要的作用,主要表现于罗默强调经济增长的决策因素在于知识积累。一个国家或地区投资研发资源的多少决定其智能水平的高低,因而,提高经济增长率,必须增加研发投资以提高知识积累率,特别是加强人力资本科技开发的投入与培养,通过知识溢出效应而产生的收益递增促进经济快速增长①。

1988年,卢卡斯综合归纳发展舒尔茨的人力资本理论和索洛的技术决定论的增长模型,提出了著名的人力资本积累经济增长模型。在模型中,他强调了专业化人力资本积累对经济的作用:经济得以持续增长的决定性因素。卢卡斯还对人力资本的分类及其形成途径和产生的效应进行了研究。卢卡斯认为人力资本可以分为社会一般和专业化两类:通过学校教育获得的社会一般人力资本能够产生"内部效应";而在实践中学习获得的专业化人力资本具有"外部效应"。他还认为社会一般人力资本已达到的水平直接决定专业化人力资本的规模和水平。学校教育不仅可以突破专业限制,而且具有人力资本生产的规模效应,最有效地提高一般知识水平。

进入20世纪90年代以后,国外理论界对人力资本价值

---

① P.M.Romer. Endogenous technological change[J].Journal of Political Economy,1990,98(5):71~89.

的认识已经有了更深的发展。Saint-Paul 和 Verdier(1993)认为选择政策扶持公共教育将有利于增加人力资本并促进经济发展。2001年,Galor&Moav认为,现代经济演化升级进程中,资金资本积累正在为人力资本积累所取代,人力资本积累已经成为经济发展的主要动力。

以上研究表明,人力资本价值从宏观上表现为在西方发达国家和新兴工业化国家经济持续增长中扮演着重要基础和主要动力要素的角色,人力资本价值对一个国家或地区加快发展具有决定性意义。在微观层面,人力资本价值也是实现个人充分发展的决定性要素。

进入20世纪90年代以后,国外理论界对人力资本价值已经有了较为充分的认识,开始从微观(企业和个人或家庭)视角研究调动人力资本积极性的问题,即人力资本动态价值的实现和提升问题。因为,人力资本是通过与企业物质资本结合并影响家庭效用的形式而发挥作用的。研究者认为,由于人力资本是一种能动性强的资本,所以调动人力资本的主动性、积极性和创造性对企业的价值创造至关重要。而激励的方式,除短期的现金报酬、物质激励外,长期的股权、期权激励显得越来越重要。加尔布雷思、埃德文森、沙利文、斯图尔特等认为:如果人力资本产权得不到激励而遭到破坏,其价值会迅速贬值或荡然无存。

二、国内研究综述

国内对人力资本理论的研究除介绍国外人力资本理论

第一章 绪　　论

外,更多的关注于人力资本应用方面,主要集中于以下几个方面:

第一,对人力资本产权归属及实现问题的研究。比较具有代表性的观点有:北京师范大学教授李宝元(2000)立足于人力资本产权理论,设计出人力资本直接股权化实现人力资本自身价值的途径;李建民(1999)认为人力资本产权是存在于人体内具有经济价值的知识、技能乃至健康水平等的所有权,人力资本产权是多元化的,其承载者可以是所有者,但是如果人力资本被以一定形式购买,其产权就会部分或全部地属于购买者;而魏杰(2001)则认为,在我国"谁出资谁拥有"的时代已经过去了,企业要想做大,必须给人力资本应有的地位;徐国君、夏虹(1999)认为,劳动者作为人力资本所有者,与物质资本所有者一样,有权利参与收益分配,进而认为个人收入分配应当是按生产要素分配,即按人力资本在社会财富创造过程中的贡献大小和物质资本在价值创造和实现中的作用来分配;程民选、姚程(2017)则通过对创新驱动的人力资本产权实现形式的探讨,认为我国对创新者的人力资本产权及其实现问题没能形成应有认识,难以激发科技人员进行创新与成果转化的内在热情,因此必须从理论上明确创新者人力资本产权的实现作为创新驱动经济发展战略实施的重要基础;伴随互联网的发展,何亦名、姜荣萍(2016)则通过对互联网行业员工人力资本产权问题的分析,认为人力资本收益权、支配权和使用权的不确定性会导致人们隐藏知识的行为选择,进而提出应当通过给知识贡献者提供相应补偿、提高知识贡献者的形象以及加强培训提高知识寻求者的吸收能力等减少员工的知识隐藏行为,实现组织内的知识分享。

第二,对人力资本计量评估问题的研究。由于人力资本对于组织价值的重要性日益提升,人力资本测量评估已经成为诸多学科,诸如会计学、人力资源管理、经济学等学界的研究热点。对这一问题的研究主要是运用人力资源会计学的相关理论,对人力资本通过投入产出比衡量人力资本价值。在已有的研究文献中,从宏观的角度对人力资本测量的研究,主要是测量一个国家的人力资本总量及相应人均人力资本(李海峥等,2010①);在微观层面,组织管理学学者关注通过人力资本测量来改进人力资源管理,进而提高企业绩效(兰玉杰,孙德良,2008②;Stone DL,2007③;Albuquerque NR,2012④等);组织管理学学者比较具有代表性的观点如:西安交通大

---

① 李海峥,梁赟玲等.中国人力资本测度与指数构建[J].经济研究,2010(8):42~54.
② 兰玉杰,孙德良.企业家人力资本定价的计量模型研究[J].经济管理,2008,30(2):77~83.
③ Stone DL. The Status of Theory and Research in Human Resource Management: Where Have We Been and Where Should We Go From Here? [J]. Human Resource Management Review,2007(17):93~95.
④ Albuquerque NR, Vellasco M, Mun J, Housel TJ. Human Capital Valuation and Return of Investment on Corporate Education [J]. Expert Systems with Applications,2012(39):11934~11943.

学管理学院的梁巧转、徐细雄指出可以用"公平市场价格法"①与"市场增加值"②估计人力资本价值等;会计学学者也是从微观角度进行研究,关注微观个体人力资本的测量,主要研究企业人力资本的货币计量(张文贤,2007③;邓孙棠,2008④等)。由于问题及对象不同,所以各领域学者所提出的测量方法很难通用。

第三,在对人力资本评估的基础上,对人力资本定价研究。比较具有代表性的观点如下:复旦大学管理学院张文贤教授通过对人力资源管理贡献的确认与计量这一"支点",采用管理入股、技术入股等手段,对人力资本进行定价研究;湖南长沙交通学院财经研究所所长李世聪在总结分析国内外人力资源价值计量研究现状和测算国内外人力资源价值计量模式的基础上,创造性地提出了人力资源当期价值理论,设计了一套全新的人力资源当期群体、个体、效绩、分配价值和未来群体、个体价值等一系列计量模式,实现了企业人力资源群体价值、个体价值、效绩价值、分配价值的四位一体化,并经过多

---

① 公平市场价格法是指依据人力资本市场供求情况所确定的人力资本价格来估计人力资本价值。

② 市场增加值(Market Value Added 简称 MVA)=权益的市场价值-使用的权益资本,观测某个时期的 MVA 变化量可以衡量这段时期企业经营业绩的好坏,依此来确定人力资本价值。

③ 张文贤.人力资本的价值计量[J].上海立信会计学院学报,2007,21(4):14～18.

④ 邓孙棠.人力资本及其对应人力资源的确认与计量问题研究[J].会计研究,2008(2):17～22.

家企业应用验证,取得了比较好的效果。其他学者还有:徐国君提出的"完全价值测定法",文善恩提出的"未来净资产折现法",樊培银、徐凤霞提出的"调整后的完全价值法"等。

尽管国内外学者对人力资本的诸多理论做了相当深度的研究,也进行了一些颇具现实意义的阐述,但就人力资本价值方面的研究却是甚少,尤其是在公共部门人力资本价值及其实现方面的研究微乎其微。

第三节 研究方法与基本思路

一、研究方法

主要运用以下研究方法:

1. 社会调查法。调查形式以实地调查为主,采取问卷调查与访谈调查相结合,注意资料的收集;访谈调查主要采取社区访谈、单位座谈及个人访谈等。如在2007年6月末至7月初,到海西州的德令哈市与格尔木进行集体调研,主要了解公共部门和企业人力资源管理制度、人才政策运行情况、当地公共行政管理状况、在循环经济试点建设中政府职能取向及价值取向等;2007年5月2日到5月10日在环青海湖的刚察、海晏、天峻、共和四县进行调研,主要了解当地政府人力资源概况、人才培训概况等;2007年8月在河南省郑州市直属机关针对公共部门人力资本价值实现情况进行调研等。

2. 文献资料收集归纳法。通过多种途径收集大量文献资料，如通过期刊网收集优秀期刊论文及优秀硕博论文；通过调研收集大量第一手资料；通过阅读图书获取论文相关的理论支撑等。针对收集的这些资料，进行分类与整理，并对相关观点进行评述与归纳，提出自己的看法与论据。主要体现在对人力资本相关理论研究的国内外综述，对公共部门人力资本价值分析与论述，对公共部门人力资本价值评估的模型构建等。

3. 理论分析法。运用西方及我国有关人力资本相关理论成果，按生产要素参与分配理论、人力资本产权与人力资本价值评估理论及公共管理学、劳动经济学、人力资源开发学等相关学科理论，分析人力资本价值的特征、构成要素及其制度保障与配套机制等。

4. 规范分析与实证分析相结合。主要采用规范的分析方法，对公共部门人力资本价值的含义、特征及构成进行科学界定，对公共部门人力资本价值评估理论框架进行论证说明。同时，本文还辅以采用实证分析方法，从我国社会转型与公共部门兴起大背景出发，探索我国公共部门人力资本价值实现的现状、问题及影响因素等。

5. 定量分析与定性分析相结合。通过对比分析、统计分析、计量分析等方法，对人力资本价值形成、构成及评估进行分析。

此外，还运用图表法、建立模型等方法，对我国公共部门人力资本价值进行系统地介绍与阐述。

二、基本思路

在对现有人力资本相关理论分析的基础上,以我国公共部门人力资本价值理论框架的分析为基础,通过建立模型对我国公共部门人力资本价值进行评估,结合当前我国公共部门人力资本价值实现现状,针对我国当前公共部门人力资本价值实现不足等问题,提出我国公共部门人力资本价值实现的条件、制度保障及配套机制。

在研究过程中,针对公共部门人力资本价值的实现问题,力图使本书的研究具有可操作性、实用性和经济性。可操作性表现在本书通过建立模型对我国公共部门人力资本价值进行评估,把公共部门人力资本价值通过建立模型客观地表现出来,从总括上反映公共部门人力资本的实际价值;实用性表现为本书的研究成果是可以信赖的,能对我国公共部门的发展起到一定程度的理论借鉴和实践应用意义,从而指导公共部门进行相关人力资本价值的评估,建立一种可行的人力资本价值实现的机制;经济性表现在以下两个方面:第一对于公共部门来讲,一个科学的人力资本价值评估模型和人力资本价值实现机制,可为公共部门科学地获取人力资本价值的信息,为公共部门的发展做出科学的人才支持决策;第二是对于具体的公共部门人力资本个体来讲,可以在实际中从人力资本价值实现机制中获取增值保障。

第一章 绪　论

第四节　主要内容及其创新点

一、主要内容

本书以公共部门人力资本价值实现为主线,运用人力资本相关理论,首先概括了公共部门人力资本价值理论体系,建立了公共部门人力资本价值评估模型,对公共部门人力资本价值进行评估;其次对我国现阶段公共部门人力资本价值实现的现状进行分析,在此基础上探讨了公共部门人力资本价值实现的阻碍因素;最后对我国公共部门人力资本价值实现的原则进行界定,对实现的条件进行分析,并积极探索了公共部门人力资本价值实现的制度保障及配套机制。

具体包括以下七个部分:

第一章:绪论。主要介绍研究背景及意义,国内外研究综述,研究方法和基本思路以及研究内容及创新点。

第二章:公共部门人力资本价值理论概述。在现有人力资本相关理论研究的基础上,从公共部门人力资本价值含义、构成、特征,价值形成及影响因素等方面对公共部门人力资本价值理论体系进行了系统性、创造性概括;并构建公共部门人力资本价值评估体系。

第三章:人力资本价值计量。本章基于期权理论,首先阐述了期权理论在人力资本价值计量中的运用,在此基础上,从经济学和会计学两方面对人力资本计量具体模式与方法进行系统分析与评价。在宏观层面,以经济学为代表,比较突出地体现了人力资本的特性;而在微观层面上,从会计学角度对人力资本进行计量。

第四章:公共部门人力资本价值实现的必要性和可能性。本章分别对公共部门人力资本价值实现的必要性和可能性进行了客观具体的分析。

第五章:我国公共部门人力资本价值实现现状及阻碍因素。根据调查的情况,阐述了我国公共部门人力资本价值的实现现状,分析了公共部门人力资本价值实现存在的问题,在此基础上对阻碍公共部门人力资本价值实现的相关因素进行了分析。

第六章:公共部门人力资本价值实现路径探索。基于以上分析,首先对公共部门人力资本价值实现的原则进行界定;然后分析了我国公共部门人力资本价值实现的条件;最后对公共部门人力资本价值实现的制度保障及配套机制进行了探索。

最后是结语。对主要观点、解决措施、存在的不足等问题进行总结。

二、创新点

1. 构建公共部门人力资本价值评估模型,具有较强的可操作性。本书根据公共部门人力资本产权不清晰、人力资本价值评估不足等特点,另辟蹊径,对公共部门人力资本价值的传递信号进行了多层次的分析,以此为基础,构建基于多传递信号的公共部门人力资本价值评估模型。使不同的公共部门,根据其部门的异质性,分析其部门人力资本价值的传递信号的独特性,进而利用模型,对人力资本价值进行评估,具有较强的可操作性。

2. 提出公共部门人力资本价值理论,并使之体系化。人力资本价值理论是国内针对人力资本深入研究刚刚兴起的一个研究角度,目前对人力资本价值的研究主要集中于人力资本价值评估、人力资本价值计量等,并且主要是以企业作为载体。本书以公共部门为载体,提出公共部门人力资本价值的理论,并使之体系化,这是对以往人力资本理论研究的一个延伸和扩展,这是本书的一个创新之处。

3. 分析了以提供公共服务、价值增值及可靠性为原则的公共部门人力资本价值实现的保障制度及配套机制。本书认为促进提供公共服务和价值增值及可靠性是研究公共部门人力资本价值实现的原则之所在。本书紧紧围绕着这三大原则,对我国公共部门人力资本价值实现的条件、制度保障及配套机制进行深入分析,可以为我国公共部门人力资本价值实现提供目标导向和政策借鉴。

第二章

公共部门人力资本价值理论概述

现代人力资本理论产生于20世纪60年代,人们公认的人力资本理论创始人是美国的几位著名经济学家西奥多·W.舒尔茨、明塞尔和加里·S.贝克尔。舒尔茨等一批人力资本研究者的研究成果表明,人力资本投资不仅是形成高素质、高质量人力资本的过程,而且是一个国家、地区或组织能够持续发展的关键性元素。在知识经济的今天,人力资本的这种作用更加显著。本章从公共部门人力资本相关理论入手,分析公共部门人力资本价值理论体系,以期作为公共部门人力资本价值评估及实现的理论基础。

第二章　公共部门人力资本价值理论概述

第一节　人力资本价值相关理论

一、人力资本理论

学术界对人力资本关注由来已久,早在古典经济时期劳动价值理论研究中,已经显示出古典经济学家对人的因素的极大重视。17世纪,英国古典经济学家威廉·配第在论及财富的源泉时指出:"土地为财富之母,而劳动为财富之父和能动要素"①。配第关于自然资源和劳动之间区别与联系的分析,肯定了人力资源作为一种能动性要素,在财富创造过程中具有特别重要的作用。

古典经济学创始人亚当·斯密则大胆而明确地把人的能力归为固定资本,提出了初步的人力资本概念。他说:"学习是一种才能,须受教育,须进学校,须做学徒,所费不少。这样费去的资本,已经实现并且固定在学习者的身上。这些才能,对于他个人,自然是才能的一部分。……工人增进的熟练程度,可和便利劳动、节省劳动的工具同样看作是社会上的固定资本。"②由此可见,在亚当·斯密那里,人力资本的基本内涵

---

① [英]威廉·配第.经济著作选集(中译本)[M].北京:商务印书馆,1981:89.

② [英]亚当·斯密.国民财富的性质和原因的研究(上卷)[M].北京:商务印书馆,1972:257~258.

已经被他用比喻的方式隐含地表达出来。此外他在《国民财富的性质和原因的研究》(1776)中提到,一个国家全体居民所有后天获得的有用能力是资本的重要组成部分。因为获得能力需要花费一定的费用,所以它可以被看作是在每个人身上固定的、已经实现了的资本。当这种能力成为个人能力的一部分时,也就成为社会财富的一部分。同时,他还把教育和培训支出视为资本投资,认为它们也是可以获取利润的投资。他把工人技能的增强视为经济进步与经济福利增长的基本源泉,其中包含了首次论证人力资本投资与劳动者技能如何影响个人收入和工资结构方面的内容①。可见,亚当·斯密已经把人力资本当作社会财富与个人财富十分重要的因素,对人力资本的内涵进行了深入论述,只是没有确切地提出"人力资本"这个概念而已。

第一次明确地提出"人力资本"这个概念的是英国经济学家费雪,1906年费雪在他的《资本的性质和收入》一书中首次提出了人力资本概念,并将其纳入经济分析的理论框架之中。由于受当时传统观念尤其是"物质资源是稀缺资源"的制约,费雪的人力资本概念及分析一直被排斥于当时主流经济学之外。随着社会和经济发展形势的变化,传统的以物质资源为

---

① [英]亚当·斯密.国民财富的性质和原因的研究(上卷)[M].北京:商务印书馆,1972:5～7.

核心的经济理论受到挑战,其表现在"世界五大经济之谜"①,正是由于这些挑战和相对于传统经济发展之谜,西奥多·W.舒尔茨、加里·S.贝克尔、明塞尔等一批主流经济学家开始对物质资本之外的因素即人力资本因素进行研究。其中人力资本理论真正形成的标志是 1960 年美国经济协会第 73 届年会,舒尔茨出任美国经济学会会长时发表的就职演说《人力资本投资》。舒尔茨指出,人力资本是社会进步和经济增长的决定性因素。但是人力资本的取得需要消耗稀缺资源,也就是说需要消耗资本投资。人力资本——人的知识和技能的形成是投资的结果,而通过一定方式的投资、掌握了知识和技能的人力资源才是一切生产资源中最重要的资源。因此,人力资本也是资本的一种形态②。

从 20 世纪 80 年代开始,以罗默的《收益递增和长期增长》及卢卡斯的《论经济发展机制》两文为标志,经济增长理论研究发生了深层变化,他们的理论被称为"新经济增长理论",这一理论的出现给人力资本理论增添了新的内容。它的核心

---

① 五大经济之谜:资本—产出的长期变动(产出增加,资本使用反而减少)之谜;库兹涅茨之谜(国民收入的增长快于总生产要素的增长);工人收入增长之谜(传统经济学认为:工人收入不可能大幅增长);日德等国迅速崛起之谜(日德两国在一片废墟之中,在短短二三十年时间内,完成了英美等国家上百年时间才能完成的工业化道路);"里昂惕夫"之谜(资本丰裕的美国应该出口资本密集型产品,而进口劳动密集型产品,现实相反)。

② [美]西奥多·W.舒尔茨.人力资本投资——教育和研究的作用[M].北京:商务印书馆,1990:22~30.

在于修改了古典模型中的生产函数,并在新古典的生产函数中加入了知识和人力资本投入内容。如阿罗的"干中学"模型、罗默的收益递增模型、卢卡斯的人力资本积累模型等①。在这些模型中,系统地论述了人力资本与经济增长之间的关系,提出人力资本是经济增长的关键性因素,对经济增长起着主要作用。

由于历史原因,我国对人力资本理论的研究起步较晚。直到20世纪80年代,随着我国市场经济体制改革的逐步深入,人力资本理论才得以在中国传播和发展。我国除在对国外普遍关注的人力资本作用测度、人力资本与经济增长之间的关系等方向进行研究外,还针对国外由于制度因素不存在的人力资本产权及人力资本评估、计量、定价等进行研究。

二、人力资本价值理论

一段时间以来,防止"高端价值人力资本流失"、加强"人才安全"管理的呼声甚高。以至于外资企业的薪酬优势成为国内企业尤其是国有企业在与外企争夺人才时最为头疼的问题。正是外企对人力资本的较高定价,使我们进一步认识到了人力资本的价值。提升人力资本价值,缩小与发达国家或发达地区人力资本投资回报率的差距,可以有效解决人才流失的问题。通过教育先行来提升民族企业竞争力,亚洲"四小

---

① 郝旭光.山东省人力资本对地区经济增长贡献的研究[D].对外经济贸易大学硕士学位论文.2006:8~11.

第二章 公共部门人力资本价值理论概述

龙"的经济社会得到快速发展,正是归功于人力资本价值的提升。

根据舒尔茨的观点,"人们获得了有用的技能和知识……这些技能和知识是一种资本形态"①既然是一种资本,自然有其价值。人力资本是通过投资获得其价值的。舒尔茨认为,人力资本投资包括以下五个部分:"1)卫生保健设施和服务,概括地说包括影响人的预期寿命、体力和耐力、精力和活力的全部开支;2)在职培训,包括由商社组织的旧式学徒制;3)正规的初等、中等和高等教育;4)不是由商社组织的成人教育计划,特别是农业方面的校外学习计划;5)个人和家庭进行迁移以适应不断变化的就业机会。"②

从舒尔茨的理论中,我们可以知道,人力资本是依附于人身上的一种资本,既具有使用价值,也具有价值。人力资本使用价值是指人力资本在生产性与服务性活动中,参与生产与服务的属性。从某种程度上说,人力资本的使用程度,决定了经济社会的发展程度。人力资本价值是指凝结于人自身的由于投资而具有的知识、技能、健康以及人的创造能动性等的价值。其价值内涵可以从两个角度来概括:

1. 从市场角度而言,人力资本的价值包括一般价值和特殊价值两部分。一般价值是指人作为一般劳动力所具有的价

---

① [美]西奥多·W.舒尔茨.人力资本投资——教育和研究的作用[M].北京:商务印书馆,1990:22.
② [美]西奥多·W.舒尔茨.人力资本投资——教育和研究的作用[M].北京:商务印书馆,1990:31.

值;特殊价值则指人所特有的专业性人力资本、创造能动性及其能做出多大贡献的效用价值。

2.从时间角度讲,人力资本价值可以从两方面理解。一是人力资本现有价值,它反映人自身由历史积累所形成的、并已得到社会所认可的知识、能力、声誉、经验等一般性共性价值;二是人未来的潜在价值,即在未来的经济活动和社会活动中累积和升华的自身价值。

关于人力资本价值的确认,有两种观点具有代表性。一是从其生产成本来看,人力资本价值是维持人力资本再生产所花费的一切费用。主要包括:人力资本所有者正常的生活费用;人力资本所有者家庭的生活费用;人力资本所有者个人投入的普通教育、在职培训、流动迁移、健康医疗和卫生保健等费用;国家、社会与组织的人力资本投资成本;人力资本所有者进行人力资本投资的机会成本。二是从人力资本价值来看,人力资本的价值不仅包括其投资成本,还包括其未来收益的现值。总之,我们涉及的人力资本总价值应该等于人力资本的总成本与人力资本获得的新增价值之和。同时,理论界与此对应的计量方法也有两类:一类是计量人力资本的成本,包括历史成本计量模型和重置成本计量模型;另一类是对人力资本的价值进行计量,包括未来工资折现模型、未来收入折现模型等。但是,未来收益是不确定的,又是分阶段分步完成或实施的,比较难以度量,因此,关于未来折现的模型在实际中应用较少。在进行实证分析时,关于人力资本的统计资料常常难以获取,即使获取,也是难以统一标准、统一数据,因此,许多国内学者多采用公共教育经费、劳动力平均受教育年限等作为基础数据进行统计计算。

三、人力资本评估理论

人力资本价值评估是对组织所拥有的人力资本价值形态的量化。严格地说应是组织人力资本价值的货币表现,是评估主体按照特定目的,遵循法定的标准和程序,运用科学的方法,以统一的货币为单位,对被评估对象即人力资本的现时价格进行的评定和估算。其目的是对人力资本主体进行合理、有效的管理、激励,实现人力资本的优化配置以及实现人力资本增值,并促进组织良性发展。

人力资本价值评估与一般资产评估具有相同的性质:一是具有现实性,即两者都以评估基准日为时间参照,按这一时点的资产实际状况对资产进行评定估算,认为在此时点前后的资产价值会发生变化;二是具有市场性,即评估的目的是要服务于市场活动,通过模拟市场条件下资产的价值形成过程和作用机制来做出评定结果,在此我们把人力资源看成具有一般商品属性,服从于一般商品的价值形成过程;三是都要用资产的未来时空的潜能收益来说明现实资产价值,未来没有潜能和收益的资本,现实是不存在价值的。把人力资本看成具有一般资本属性,人力资本的价值在于它同一般资产一样,能在未来给组织带来收益。

但人力资本价值评估更为重要的特征是有别于一般资产评估的特性,具体表现在:一是价值载体不同。无论实物资产还是金融资产、无形资产,其载体都是实物,而人力资本的载体是人,人力资本的价值依附于人。同时,只有各种生产要素进行配置,才能实现人力资本的价值。由此决定了人力资本价值评估中,不能仅考虑人力资本形成过程中的投入多少,还要看人才的工作环境及其他资本的配置状况。同一名中工在不同的工作条件下做出的贡献,创造的收益是不相同的,若从收益的角度来评估会得出不同的结果。因此,在进行人力资本价值评估时,应该遵循最佳使用原则,按人力资源在最佳使用状态下的收益进行评估。二是权属主体的区别。无论一般资产还是人力资本都有其权利的归属,从而决定了其价值的归属。一般资产的投资主体有国家、集体、法人、个人,形成国家资本、集体资本、法人资本、个人资本。实物资产、无形资产可以评估价值为基础,交易、转让其所有权或使用权。而人力资本因权利的私有性,虽然其形成过程中含有由公共投资形成的部分,如国家教育投入、组织培训投入等,但是,也只能让渡其使用权,不能让渡其所有权。所以,人力资本价值评估的价值类型,只能是使用权的价值。三是价值折旧方式不同。资产的价值随时间会发生变化,表现为资产的折旧或磨损,实物资产、无形资产的价值随时间按固定比率而减损,表现为物质损耗、功能性损耗和经济性损耗,这些损耗在资产评估中都有相应的依据,确定起来并不困难。而人力资本的价值随时间的变化却并不一致,它既表现为递增性,随着人在学习中、工作中投入的不断增加,经验的不断丰富,人力资本的价值不断提高;有时也要表现为价值的递减性,学习和工作的中断,知识不能及时更新,会造成人力资本的贬值,如同实物资产的功能性磨损。这就要求我们在对人力资本价值评估时,既要考虑人力资本价值随时间的增值情况,又要考虑其价值减损情况。

人力资本价值评估常用的方法包括市场法、成本法和收益法三种:(1)市场法。市场法是指在人力资本市场上找到目前受雇人力资本的能力相同或相近的人作为参照物来评估组织人力资本价值的一种方法。这种方法的推行有赖于健全、完善的人力资本市场的存在,也就是说市场供求规律是市场价格法的理论基础之一。如果能形成有效的人力资本市场时,则应根据市场规律由市场来决定人力资本的价值。当无法形成有效的人力资本竞争市场时,就必须通过资产评估机构的主观评估来确定人力资本的价值,另外,不同组织管理方式不同,同一个人在不同的组织里人力资本的价值可能不同。人力资本价值只有依附于特定的组织才能合理地得到计量,离开特定的组织,孤立地研究人力资本价值是没有意义的。目前,由于我国人力资本市场还不成熟,缺乏公开的数据信息,资产评估机构的主观随意性太大,因此,在我国采用市场价格法尚缺乏现实基础。但市场价格法具有评估角度和评估途径直接,评估过程直观,评估数据直接取材于市场,评估结果说服力强等特点。随着公开、透明、活跃和富有效率的人力资本市场的形成,市场价格法将得到更为广泛的运用。(2)成本法。以组织人力资本形成和取得所做出的投资成本作为组织人力资本的价值。包括直接成本、间接成本和机会成本。

(3)收益法。从收益途径对组织各种类型的人力资本价值进行评估。其依据是：人力资本的价值是其预期能带来的超额收益资本化价值。将组织人力资本未来能带来的收益折现就能得到组织人力资本的价值。另外，对于高级人力资本价值目前还经常用期权理论来对他们进行评估。

四、人力资本定价理论

人力资本定价理论的研究是由人力资本计量研究拓展而来的。关于人力资本的专门计量研究，仅开始于20世纪30年代。1930年达尔布林和洛特卡一同进行了人力资本的计量研究，估算了人力资本的个人收益现值，以此作为人寿保险合理购买量的衡量指标。1935年，沃尔什首次对人力资本价值进行了成本估算。1944年，奈特集中考察了经济增长中生产知识的社会存量的增进对克服收益递减的作用。造成对人力资本价值的研究只是零星地分布在少数文献中的原因是，作为理论分支的人力资本价值理论起源于对"增长剩余"的研究中。丹尼森等人运用较为成熟的统计分析工具，对若干国家经济增长因素进行了详细估算，发现产出总量除了（物质）资本和投入量的贡献之外，还有一部分未能清楚地解释其"增长剩余"。20世纪50年代末60年代初，以索洛等人为代表的西方经济学致力于解释"增长剩余"难题，将经济增长中不能被劳动力和资本投入量解释的部分归因于技术进步。对于这种"增长剩余"的解释与争论就成为当代西方人力资本理论形成的一个基本背景和动因。随着人力资本理论的形成、发展和应用,经济学家们开始关注人力资本对经济增长的贡献,进而从剩余贡献率角度为人力资本定价研究提供一条思路。

较为成熟的人力资本定价理论,主要是以企业人力资本定价为主,即企业各类员工薪酬的确定,分一般员工薪酬确定和经理薪酬确定,特别是运用委托—代理理论对经理薪酬的确定建立了较为科学的定价机制。从公司治理的角度看,企业人力资本定价问题的重心放在了对高层经理,尤其是对CEO的激励上。斯图尔德指出一个典型的CEO报酬构成如下:薪金占21%,短期激励占27%,长期激励占16%,以股票为基础的报酬占36%。可以看出,企业高级管理者的风险报酬比例为79%。这种使CEO在本企业内相对其他人可以获得巨额薪酬的理论依据是锦标理论。锦标理论指出,在经理系统内部自上而下建立了委托代理关系,但是中下层经理的薪酬,除总额下降外,固定部分增多,长期激励的种类和总量较少,一般建立以集体业绩为基础的奖励激励方案和新产品奖金方案。但具体类型、内容因组织而异。从整体来看,对员工的激励主要包括四种主要形式:一是管理权分享,如以德国为代表的且存在于北欧很多国家的职工参与制,日本的年功序列工资制度及员工参与管理制度;二是利润分享或收益分享;三是以股票期权为主体的股权激励和剩余收益索取;四是效率工资。以上各种激励方式各有利弊,每种方式都可以从委托—代理理论和博弈论的角度进行研究,目前从理论分析到实证研究都有非常丰富的成果。

第二节 公共部门人力资本价值理论

一、公共部门人力资本价值含义及特征

(一) 公共部门人力资本价值含义

舒尔茨认为,人力资本是体现在人身上的技能和知识存量,它通过教育、培训、保健等投资而形成。并把人力资本投资归结为医疗保健、在职培训、正规教育、成人教育和迁移等五个方面。人力资本价值就是教育、培训、保健、迁移等投资和接受这些投资所放弃的机会成本等在劳动者身上的凝结。对于公共部门来讲,其人力资本价值应该也是教育、培训、保健、迁移等投资及进行这些投资所放弃的机会成本在其承载人身上的凝结。

综合而言,公共部门人力资本价值是指公共部门及其人力资本个体作为价值主体,运用价值客体而可能获得的补偿价值主体生产、生活资料消耗及用于公共部门发展及其人员再生产需要的价值凝结。这里包括三个部分的内容:

1. 公共部门人力资本价值主体。包括人力资本的所有者即公共部门人力资本个体、人力资本的使用者即公共部门以及二者的延伸与结合——社会。

2. 公共部门人力资本价值客体。指用于公共部门生产或服务活动中的人力资本自身。也指凝结于公共部门人力资本

个体的高度专业化的知识、技能、健康、信息及其所表现出来的经验、能力与能动创造性。

3. 用于补偿价值主体生产、生活资料消耗及用于公共部门发展及其人员再生产需要的价值。这种价值包括用于人力资本投资的费用,如公共部门用于培训、职工健康保健、工作调换迁移、教育等的成本费用;公共部门职工的薪酬①;公共部门发展所需要的资金等。同时这种价值也包括非物质价值,如职工在公共部门所获得的社会尊重、发展空间等。

(二) 公共部门人力资本价值特征

1. 公共部门人力资本价值的可分解性及可分解的不完全性。公共部门人力资本价值与企业人力资本价值一样,都是一组权利束,包括所有权、支配权、处置权、使用权和收益权等②。在市场经济条件下,这些权利可以分属不同的人所有,为不同的人使用。同时,公共部门人力资本价值的这些可分解性的权利又具有可分解的不完全特性。这是因为,与靠市场调节的企业相比,公共部门很大程度上靠行政指令指挥着其内部人力资本价值,激励机制相对不足。因此公共部门人力资本价值的使用、支配权等始终要受到人力资本所有者的影响和制约,并不能很好地发挥其权限作用。

2. 公共部门人力资本价值产权的模糊性。与私人部门相

---

① 根据马克思劳动价值理论,薪酬部分主要是用于补偿人们生产生活消耗、家庭成员成长及再生产的需要。

② 李和中.公共部门人力资本产权的性质及其动作[J].武汉大学学报(哲学社会科学版),2005,58(5):681~682.

比,公共部门主要负责提供公共产品、公共服务或进行公共管理,是致力于增进公共利益的各种组织和机构。因此,公共部门人力资本价值所有权、支配权、处置权、使用权和收益权在个人与公共部门之间所属具有一定的模糊性。

3. 公共部门人力资本价值的增值性。在公共部门使用、处置、支配其人力资本的过程中,人力资本的使用价值会通过不同的途径不断增加,如对某专项工作熟练程度的提高、实践经验的累积或通过公共部门对人力资本投资而更新知识、掌握技能等,致使公共部门人力资本价值会不断增值。同时,这种增值的原因还有一部分来自于人力资本是一种能动性资产,具有通过自我学习而增值的能力①。

4. 公共部门人力资本价值的损耗性。人力资本作为一种特殊的资本,由于自然规律及人力资本必须通过配置才能发生作用的属性,在一定的经济和社会生活中价值、作用和效能具有随着时间变化而损耗的特性。因此对于公共部门来说,人力资本能否得到有效的配置和使用是其损耗大小的决定性因素。

5. 公共部门人力资本价值的强外部性。公共部门人力资本一经使用,其发生作用的载体往往是公共权力,而"公共权力对于公共权的使用者而言是具有强外部性的资源"②。因

---

① 李和中.公共部门人力资本产权的性质及其动作[J].武汉大学学报(哲学社会科学版),2005,58(5):683.
② 李和中.公共部门人力资本产权的性质及其动作[J].武汉大学学报(哲学社会科学版),2005,58(5):683.

此,公共部门人力资本拥有公共权力的使用权,当人力资本个体使用公共权力时,其所产出的公共产品或服务将产生强外部性。当这种外部性是正效应时,如人力资本价值作用于高绩效的公共政策,公共权力的使用者提供产品或服务的公共成本就会大于社会成本,社会需求量也就一定大于公共部门人力资本的供给量。反之则相反。

6.公共部门人力资本价值所有者主体地位的虚化。与私人部门相比,公共部门人力资本个体的择业自主性和劳动关系的自由性相对较弱,同时,在不同部门与单位间的流动性也不足。从表面上看,似乎体现了公共部门与职工之间稳定的劳动关系,但实质上是以人力资本个体对公共部门的人身依附作为条件的。从人力资本产权的层面而言,实际上就是人力资本产权的缺损。

二、公共部门人力资本价值构成

公共部门人力资本也是一种商品,有其自身价值。但与一般商品价值不同的是,公共部门人力资本价值由基本价值、使用价值、交换价值及创造价值四部分构成[①]。

1.公共部门人力资本基本价值。公共部门人力资本基本价值是从公共部门人力资本开发,也即从公共部门人力资本投资的角度进行的。具体来讲,是从公共部门人力资本进行

---

① 黄伟钊.人力资本价值的结构分析[J].中国成人教育,2006(3):60～61.

教育、在职培训、职务轮换、卫生保健等方面进行。随着公共部门人力资本教育、在职培训、卫生保健等水平的提高而不断积累的知识和技能,职务拓展使视野开阔而不断积累的经验与工作能力,公共部门人力资本基本价值也在不断提高。这种基本价值的多少取决于所费社会必要劳动时间的多少与所花费成本的高低。如:在某一公共部门内部,一个处长的人力资本基本价值一般情况下就会比一个刚进入该部门的新职工人力资本基本价值高,因为其所受的在职培训、卫生保健、职务拓展等情况都会比该新进职工丰富。

2. 公共部门人力资本使用价值。使用价值是从人力资本基本价值的转化角度来分析的。人力资本一旦进入社会生产或社会服务领域,其拥有的基本价值就会通过特定的社会生产或服务对象,不同程度地转化为使用价值。基本价值只有通过转化为使用价值,即参与社会的生产、服务或流通,将自身价值物化到社会生产与服务之中,才具有社会意义。

3. 公共部门人力资本交换价值。交换价值是通过社会平均劳动时间或劳动效率从转移到社会生产或服务中的价值量与劳动报酬关系角度来分析的。社会生产或服务在生产和流通过程中,从原始物质到生产性或服务性产品,再经过市场配置变为"公益品"①,在每一个环节上,公共部门人力资本都参

---

① 公益品,在这里特指那些具有社会公益性质或公共产品性质的物品,但其经过市场配置,具备了一般的社会必要劳动时间和社会平均劳动熟练程度,一般也应视为有价值含在其中,且可以用价值来进行衡量。

与了不等的社会平均劳动量,即转移了不等的价值量。按照"按劳付酬"社会法则,就要根据人力资本转换到"公益品"中的价值量,依照一定的比例,付给其报酬。实际上是社会生产或服务提供者与接受者之间进行的一种不等价交换,这种不等价值交换是以保证公共部门公共性质、接受者获得公共产品或服务、由国家财政给予补助等为前提条件。

4. 公共部门人力资本创造价值。创造价值是从公共部门人力资本所创造的社会效益的角度来分析的。转移到社会生产或服务中的人力资本价值,实际上是造就了社会生产或服务的社会价值增值。这种价值增值减去公共部门人力资本交换价值就是公共部门人力资本的创造价值。这种创造价值是公共部门人力资本能动性、创造性发挥的结果。

三、公共部门人力资本价值形成及其影响因素

(一)公共部门人力资本价值形成

公共部门人力资本价值形成区别于物质资本和私人部门人力资本价值形成。物质资本价值的形成必须与市场生产性或服务性劳动结合在一起,参与价值增值过程,是一种实物形态作为生产成本的资本。私人部门人力资本价值的形成是指私人部门人力资本个体作为一种价值主体,通过一定的形式获取人力资本,并能动性地参与企业生产过程,把自身的价值体现在企业的生产或服务活动中,以企业利润为基本衡量标准。

公共部门人力资本价值形成是人力资本个体通过一定的形式形成人力资本并与公共部门结合起来,以社会效用最大

化或社会效益为存在基础的过程。它包括两个方面:原始人力资本或初级人力资本的形成投资;发展人力资本或高级人力资本的开发投资。在初级阶段,人力资本个体为保证其生活资料和人力再生产的生产资料费用以及必要的社会生活训练、基础性的教育投入、卫生保健等作为原始人力资本或初级人力资本的形成投资;在发展阶段,与公共部门结合在一起,对人力资本个体进行教育、在职培训、职务拓展及轮换等形成"专业力资本"①的投资过程,被看作发展或高级人力资本的开发投资。

(二)公共部门人力资本价值形成的影响因素

从上述分析的公共部门人力资本价值构成及形成来看,公共部门人力资本价值在不同的角度有不同的构成及形成方式。对公共部门人力资本价值形成的影响方式综合起来可以分为以下几个方面:一是个人因素;二是内部因素;三是外部因素。此外,还有一些其他因素影响公共部门人力资本价值,如图 2-1 所示。

1. 个人因素,指影响人力资本能动性及创造性发挥的因素,主要由人力资本个体努力程度及身体的客观条件构成,其中身体的客观条件包括人力资本个体的智力因素、身体素质等。

---

① 专业人力资本是相对于一般人力资本而言的。类似于复杂劳动与简单劳动的区别。具体来说,一般人力资本可以指针对普遍投资形成的人力资本,包括基础性教育、卫生保健等,不具有排他性,一般可以应用于任何行业或部门;专业人力资本指专门知识、技能或经验、资历等,这类资本具有独特的效用,具有排他性,一般有专门的应用领域。

第二章 公共部门人力资本价值理论概述

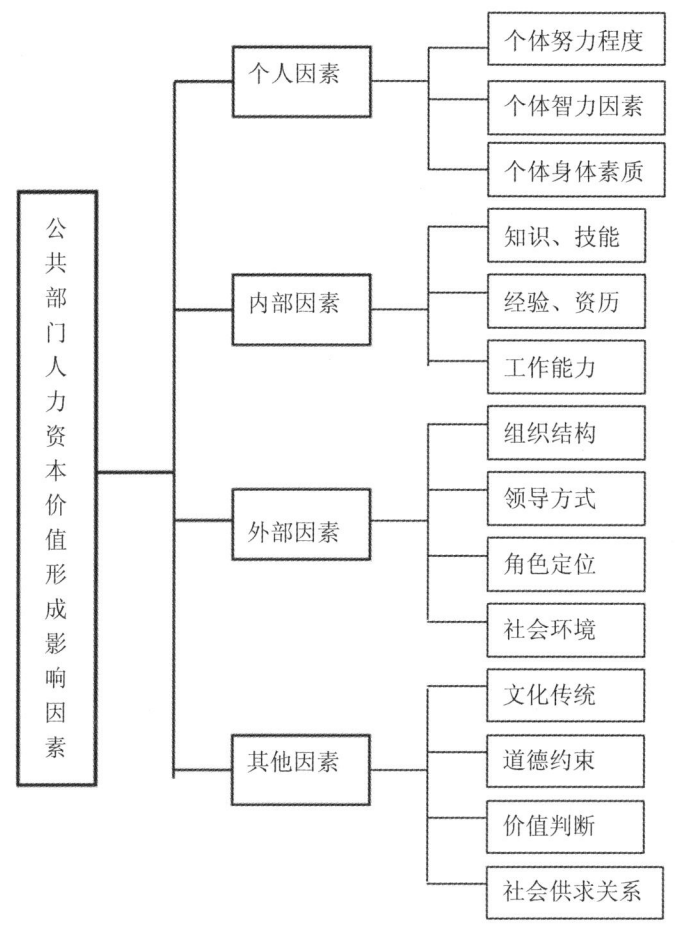

图 2-1 公共部门人力资本价值形成影响因素图

2. 内部因素,指构成人力资本价值并影响人力资本效用大小的因素,内含于公共部门人力资本内部的知识、技能、经验、资历及工作能力等因素。

3. 外部因素,指间接作用于人力资本个体,影响人力资本效用实现及个人能动性发挥的因素,包括组织结构、领导方式、角色地位、社会环境等因素。

此外,社会的文化传统、道德约束、价值判断、社会供求关系等多种外部因素也会不同程度地影响到人力资本价值。以上对人力资本价值构成及影响因素的分析,有助于理解公共部门人力资本价值的内涵,同时为选择合适的实现人力资本价值的途径,更好地实现公共部门人力资本价值提供理论依据。

第三节 公共部门人力资本价值评估

公共部门人力资本价值是通过人力资本投资成本及对人力资本效用的可能发挥程度体现的,它有别于一般价值评估或私人部门人力资本价值评估。如若更好地对公共部门人力资本价值进行评估,必须对公共部门人力资本价值评估的对象、目的和特点进行界定,从而建立起公共部门人力资本价值评估的基本理论框架。

一、公共部门人力资本价值评估理论框架

(一)公共部门人力资本价值评估对象

与其他资本不同,人力资本是一种以人为载体的特殊资本,具有能动性。人力资本具有提供未来经济收益或服务等能力,具有资产的属性,能够有效地评估其价值。但人力资本也具有再生性、动态性、智力性和社会性等特点,这决定了人力资本价值体现在创造性和贡献上,即人力资本价值评估的

依据是人力资本提供未来经济收益和服务的能力。因此,"人力资本价值评估的对象是人力资本基于契约约定范围内的能力,人力资本价值评估的实质是对人力资本获利能力的评估。"[①]对于公共部门来说,由于其公共性、社会性的特点,公共部门人力资本价值评估对象是公共部门人力资本基于公共契约约定范围的,提供公共生产或服务的能力。具体体现为对于公共部门发展的贡献和社会公益性的贡献。

(二)公共部门人力资本价值评估目的

公共部门人力资本价值评估的目的是为被评估的公共部门人力资本即将发生的经济行为提供价值参考和为公共部门人力资本活动提供依据。这里的经济行为指公共部门的人力资本流动、公共生产或服务活动等,公共部门人力资本活动指公共部门实施的人力资本激励计划、人力资本补偿活动等。它来自于公共部门及人力资本所有者个人双方的需要。

具体来说,对公共部门人力资本价值进行评估主要基于以下几个目的:首先,公共部门在其公共性活动中,需要明确界定活动的社会贡献,而活动的社会贡献是由其内在的人力资本价值决定的;其次,为公共部门人力资本进行补偿和价值实现提供依据;再次,对公共部门人力资本活动进行激励的需要。

---

① 杨海文.对人力资本价值评估的思考[J].理论月刊,2004(3):139.

(三)公共部门人力资本价值评估特点

1. 动态性。公共部门人力资本价值评估的动态性首先是由人力资本价值的增值属性及损耗属性决定的,对其的评估不能是静止不变的;此外,公共部门人力资本价值所处的环境是动态变化的,对公共部门人力资本价值的评估应该随着环境的变化如物价指数变化等对其价值进行调整。

2. 市场性与公共性结合的特点。我国的社会主义市场经济体制已经基本确立,市场在资源配置中起基础性作用,因此,公共部门人力资本价值评估的结果首先要反映市场对价值的配置作用,体现在公共部门人力资本与外部交易和公共部门人力资本之间交换等的价值。同时,由于公共部门的公共特性,公共部门人力资本价值的评估还必须考察其对社会的贡献程度即公共性。

3. 评估对象的模糊性。公共部门人力资本价值评估的对象是公共部门人力资本基于公共契约约定范围的,提供公共生产或服务的能力。但由于公共部门的公共性,公共部门人力资本的这种公共生产或服务的能力往往不是以个体进行衡量,而更多的是通过公共部门整体呈现出来。因此,对公共部门人力资本价值评估往往具有模糊性,个体的贡献度与整体的贡献度很难清晰地分离出来。

二、公共部门人力资本价值评估的价值取向

(一)区别于物质资本价值评估

"实物资产评估是对实物资产在某一时点的价值进行评

第二章 公共部门人力资本价值理论概述

估的行为或过程。"①对于物质资本来说,其载体是一种实物,可以在对其价值进行评估的基础上,通过交易,转让所有权和使用权。由于某种物质资本的评估具有"时点性"②,物质资本的价值会随着时间的变化,出现诸如精神损耗、物质损耗及折旧等价值减少的情况。因此,对物质资本评估,更多从静态的角度,对物质资本的资产特性、市场需求状况、时点性进行全面的估算。

而对公共部门人力资本价值的评估,则是对公共部门人力资本基于公共契约约定范围内,公共生产或服务能力的评估。具体体现为对人力资本价值之于公共部门发展的贡献和社会公益性的贡献程度的评估。对于人力资本来说,人力资本的载体是人,人力资本只有依附于人才有其存在的价值;同时只有同物质资本相结合,对各种生产要素进行配置,才能体现其价值。因此,对人力资本价值的评估,不能仅考虑人力资本形成过程中的投入多少,还要看人力资本的工作环境及与其他资本的配置状况,最终聚焦于一点:其作用于公共生产和公共服务能力的大小,或对公共部门发展的贡献和社会公益性的贡献程度。

---

① 乔志敏.资产评估学教程[M].北京:中国人民大学出版社,2003:2.
② 时点性是指实物资产评估是对评估对象在某一时点的价值的估算,这一时点是所评估价值的适用日期,也是提供价值评估基础的市场供求状况及资产状况的日期,这一点也称为评估基准日。

(二) 区别于私人部门人力资本价值评估

私人部门人力资本价值评估往往需要一个前提,即基于契约关系。这是因为,出于赢利的需要,企业需要与生产所需的人力资本建立长期的契约关系。在企业所有者与人力资本的相对长期的契约中,对人力资本价值评估的目的就是提供一个企业制定相应的契约条款的基础。企业为了保证人力资本发挥作用,要与人力资本就其权益的体现签订相应的长期契约。在一般情况下,企业并不会与所有的员工签订具有权益分配性质的契约。因此,必然存在一个签订契约对象的选择问题,企业所有者只和对企业具有特殊用途和高生产率、高管理水平的人力资本签订这类契约。这种契约的签订是以企业利益最大化为目标。

而公共部门人力资本价值的评估,是基于公共契约的公共约定。这种契约,是在公共管理范围内,出于对公共管理的需要及公共部门发展的可能性所作出的带有公益性性质的契约。这种契约的签订,不以利益最大化为目标,而以社会发展或公共服务最优化为目标。

(三) 根植于公共部门人力资本价值特殊性的评估

对公共部门而言,与私人部门最大的区别在于公共服务性。私人部门由于投资主体的界限较为明显,其人力资本价值的形成或拥有的产权界限相对较为清晰,所有权与使用权以至于收益权的区分相对较为容易。公共部门由于与其所属人力资本个体的特殊关系,其"本质上是一种委托人—代理人关系"①,"公共产权"具有不可追溯为个人私产的性质,只能作为不可分割的产权所有者整体性地存在,不容许把公共产权以任何形式分解为个人的产权。公共部门完全不同于个人私产基础上集合起来的私人部门形式。因此,虽然在人力资本进入公共部门之前所形成的人力资本价值可以清晰地进行界定,但随着人力资本进入公共部门并投入到公共部门生产与服务之中,其产权区分就开始变得模糊起来。特别是公共部门人力资本随着其承载体——人的工作经验、职务拓展及在职培训的深化,公共部门人力资本价值的所有权、使用权乃至收益权就带有明显的双重性。

三、公共部门人力资本价值评估模型设计

从以上对公共部门人力资本评估的理论框架及评估的价值取向分析上,可以看出,公共部门人力资本价值评估有其自身的特殊性,使得公共部门人力资本价值不可能像物质资本那样通过实物形态资产货币化、运用财务会计核算方法加以评估,也不可能像私人部门那样通过界定产权,对其价值进行评估。因此,需要建立一种特殊的评估模型,对其价值进行合理估算,以更好地评估公共部门人力资本价值,为价值实现提供评估依据。本节利用公共部门人力资本价值的多种传递信

---

① 李和中.公共部门人力资本产权的性质及其动作[J].武汉大学学报(哲学社会科学版),2005,58(5):682~683.

号,构建公共部门人力资本价值评估的模型,对公共部门人力资本价值进行合理评估。

(一) 公共部门人力资本价值的传递信号

1. 个体人力资本投资成本。以舒尔茨为代表的一些学者将人力资本解释为"凝聚在劳动者身上的知识与技能总和",这一界定阐释了人力资本的本质内容——知识与技能。正如舒尔茨所说:"这些技能和知识是一种资本形态,这种资本在很大程度上是慎重投资的结果。"[①]用于教育、卫生保健和旨在获得较好工作出路的国内迁移的个体开支等就构成了对个体知识和技能的投资,这种投资所形成的成本,就是个体人力资本投资的成本。

2. 公共部门人力资本投资成本。当个体人力资本进入公共部门成为公共部门一员时,为了使个体人力资本更好地适应其在公共部门开展工作和促进公共部门发展的需要,公共部门必然要对其进行人力资本投资,以形成专业性的人力资本。公共部门用于个体人力资本的培训、职工健康保健、工作调换迁移、职务拓展以及深化教育等所形成的成本费用,就是公共部门人力资本投资的成本,这种成本与个体人力资本投资形成的成本一起,共同构成公共部门人力资本价值的承载体。

3. 公共部门人力资本机会成本。公共部门人力资本机会成本评估是从经济学角度而非从财务会计角度评估人力资本

---

① [美]西奥多·W.舒尔茨.人力资本投资——教育和研究的作用[M].北京:商务印书馆,1990:22.

价值。经济学上机会成本的定义为:"生产一单位的某种商品的机会成本是指生产者所放弃使用相同的生产要素在其他生产用途中所能得到的最高收入。"[①]公共部门人力资本机会成本包括两个部分:一部分是人力资本个体因选择接受教育、培训、迁移等而放弃可能的工作机会所带来的收入;另一部分是指公共部门用于人力资本个体的培训、健康保健、工作调换迁移、职务拓展以及深化教育等形成的成本费用,而放弃使用这些费用在其他用途中所能得到的最优效用。

4. 公共部门人力资本的能动创造性。公共部门人力资本的能动创造性是通过对社会效益的创造活动所表现出来的特性进行分析的。人力资本是具有能动性的一种资本,这种资本在得到很好激励的制度下,能够在社会效益的创造活动中,充分发挥其能动性,创造出远远大于其自身价值的价值。

5. 公共部门人力资本收益。人力资本作为生产要素,与物质资本一样对公共部门产生贡献。在一个对价格信号反应敏感的市场中,人力资本收益与其价值是成正比的,个体对公共部门的贡献越大,个体的人力资本价值也就越大,因此可以用其收益评估其价值。

公共部门人力资本的收益应该比公共部门人力资本的工资收入范围更广。从马克思的"劳动价值论"出发,劳动者的工资只能看作是劳动力的补偿价值,是个体无须承担任何风

---

① 高鸿业.西方经济学:微观部分[M].中国人民大学出版社,2000:155.

险的收入。人力资本既然是生产要素,只要参与了公共部门的社会性活动,因此而获得的收入就应该确认为人力资本的收益。人力资本参与公共部门社会性活动获得收益的方式有两种:直接收益和间接收益。直接收益是公共部门人力资本作为要素之一直接参与公共部门社会性活动而获得的实体收入,如公共部门给予员工的津贴以及各种补助和福利等;间接收益一般是公共部门给予个体人力资本的各种社会荣誉、职位职能、公共权利等。这种收益受整体社会风险、公共部门发展风险、人力资本水平发挥等多种因素的影响。

6. 公共部门人力资本价值其他传递信号。除上述价值传递信号外,还有一些因素如工作年限、职称、职务、工作地点、职业等也对人力资本价值产生重要影响。工作年限和职称、职务反映个体技能高低;不同职业本身进入的难度和要求存在差别;工作地点所代表的生活节奏、文化价值观念、对新知识新技能的吸收和反应速度不同,即对个体在开创意识、竞争力方面的要求存在差异,反映到人力资本的价值方面自然也就存在不同。

(二) 基于多传递信号的公共部门人力资本价值评估模型

从以上分析可以看出,公共部门人力资本价值的传递信号具有多样性,即公共部门人力资本价值可以用不同的形式表现,这就构成一个表现公共部门人力资本价值的集合。集合中每一个信号只传递公共部门人力资本价值某一方面或局部,并不能涵盖公共部门人力资本价值的全部方面。因此,只

第二章 公共部门人力资本价值理论概述

有综合多传递信号,并评估这些传递信号在公共部门人力资本价值中所占的权重,才能尽可能科学地评估公共部门人力资本价值。

我们可以把公共部门人力资本价值及其传递信号看作一个函数,公共部门人力资本价值看作因变量(V),各传递信号看作自变量,构成自变量的因素包括:个体人力资本投资成本(C_1)、公共部门人力资本投资成本(C_2)、公共部门人力资本的机会成本(C_3)、公共部门人力资本的能动创造性(I)、公共部门人力资本的收益(R)、工作年限(Y)、工作地点(W)、职称或职务(J)、职业(P)等。公共部门人力资本价值可以表述为这样的一个函数:

$$V = f(C_1, C_2, C_3, I, R, Y, W, J, P)$$

确定了各因素对公共部门人力资本价值影响的函数形式,只能反映出这些因素与公共部门人力资本价值的影响关系,并不能反映出这些因素在多大程度上影响公共部门人力资本价值的大小,如学历越高,工资差别越大;职称或职务越高,工资与福利的差别也会越大,这种差别不是一种简单的等比例关系,而是成几何级数或以递增的速度增加。因此,有必要对每个因素确定一个随机权重变量,该随机权重变量可以根据各部门人力资本价值影响因素的作用不同而进行调整。

雅可布·明塞(J.Mincec)在考察个人收入与影响因素的关系时,将收入表示为各影响因素的指数形式,恰当地反映了这种边际收入的递增关系。在这里,我们可以借用雅可布·明塞的这种方法来考察各因素与公共部门人力资本价值的权重影响关系,从而建立公共部门人力资本价值评估模型。假设 a_0、a_1、a_2、a_3、a_4、a_5、a_6、a_7、a_8、a_9 是由模型以外因素所决定的外生变量即参数,这种参数的大小由影响公共部门人力资本价值的各因素的重要性决定。我们把公共部门人力资本价值与影响其大小的各因素的关系建立评估模型表示如下:

$$V = a_0 \times (C_1)^{a_1} \times (C_2)^{a_2} \times (C_3)^{a_3} \times (I)^{a_4} \times (R)^{a_5} \times (Y)^{a_6} \times (W)^{a_7} \times (J)^{a_8} \times (P)^{a_9}$$

则 $\ln V = \ln a_0 + a_1 \ln C_1 + a_2 \ln C_2 + a_3 \ln C_3 + a_4 \ln I + a_5 \ln R + a_6 \ln Y + a_7 \ln W + a_8 \ln J + a_9 \ln P$

上述模型具体运用时,首先采用抽样方法选取少部分个体,对其收入情况作精确调查(结果代表人力资本价值),同时搜集各信号的表现数据,然后用回归方法估计出参数,进而作为一般性模型对所有个体人力资本价值进行评估。各参数的取值依具体情况而确定。其中 a_0 的取值根据各地的经济发展状况的不同确定不同的值;a_1 根据个体受教育程度的高低确定不同的值,如把小学教育程度的值确定为 5,初中教育程度确定为 8,高中(包括中专、技校)确定为 11,大专确定为 14,本科确定为 15,硕士确定为 18,博士确定为 21 等;a_2 根据公共部门用于人力资本投资的种类不同确定值的大小,如果用于一般性投资,则把值确定得低一些,如果用于发展的或高级的人力资本形成的投资,则把值确定得高一些;a_3 值的确定与一个国家或地区的经济景气指数联系,当景气时,机会成本就比较大,a_3 的值也就比较大,反之相反;a_4 的取值与人力资本的创造性相联系,当创造能力强时,其影响因素大,a_4 的取值就大;a_5根据人力资本的收益确定值,当人力资本收益高时,其取值就大;a_6的取值与工作年限相关,一般情况下,工作年限越长,其经验就越丰富,取值也就越大;a_7的取值与工作地点相联系,当工作地点有利于人力资本增值时,其影响因素就越大,取值自然越高;a_8与职务或职称相关,当职务、职称越高,其人力资本价值就可能越高,a_8的值就越大;a_9是与职业相关,当人力资本投入的职业是重要岗位或朝阳职业,其对人力资本价值的影响就越大,其取值也就可能越高。

第三章

人力资本价值计量

　　人力资本是最优质的人力资源。由于其稀缺性和异质性,一直是包括公共部门在内的众多组织竞相追逐的对象。尤其是在经济社会发展转型不断深化的今天,为了更好地适应经济社会发展的需要,在激烈的社会竞争中赢得优势,最为关键的因素就是这个组织拥有的人力资本的状况究竟如何;组织到底为人力资本构建了怎样的平台,采取了什么样的薪酬制度和激励机制?而这些制度的建立和平台的构筑,归根到底,都取决于人力资本的价值应该如何合理和科学计量。只有对人力资本价值进行合理计量,才能确保一个组织的决策有充分和适当的依据。本章通过构建人力资本价值计量的期权—总收益模型,从经济学的角度出发,将期权理论应用于人力资本的价值计量,并结合现代会计理论的基本思想,不断完善人力资本的价值计量。

第三章 人力资本价值计量

第一节 期权理论在人力资本价值计量中的运用

一、人力资本供求曲线

由于劳动者将除睡眠时间之外,所拥有的既定时间资源分配为直接增加效用的闲暇时间和为获取劳动收入而提供的劳动供给时间两部分,即劳动者要在享受闲暇和获取劳动收入之间做出最优选择。在替代效应和收入效应的共同作用下,单个劳动的供给曲线先是自左向右上方倾斜,在工资率的增加对劳动的吸引达到最大处时,劳动的供给量达到最大。而后若工资率继续上升,则劳动供给曲线呈现向后弯曲的形状,这是个体劳动供给曲线的特征。而对于市场劳动供给曲线,由于劳动力市场总体作用的结果,市场劳动供给曲线仍然是向右上方倾斜的。根据边际报酬递减规律,当劳动持续不断地供给超过最佳生产要素组合比例的需求时,则会带来边际产量的递减。并且随着技术的不断进步,也会产生资本对劳动的替代,劳动的需求曲线在劳动边际生产力递减和产品的边际收益递减的作用下,呈现出自左向右下方倾斜的形状,在这两条曲线的共同作用下,市场的均衡工资率 W^* 和均衡的劳动量 L^*,见下图 3-1。

在人力资本市场上,单个人力资本所有者的供给曲线与上述单个劳动者的供给曲线的形状相似。那么,在一定的时

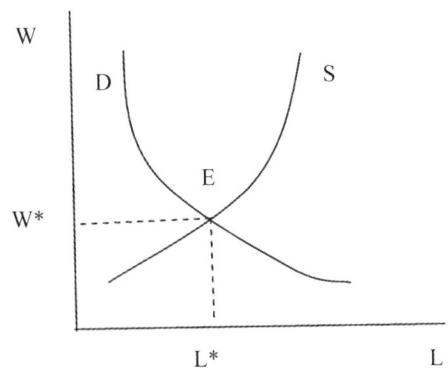

图 3-1 劳动供求曲线

期内,某类人力资本的供求曲线是否也会呈现如上的特征呢?由于人力资本不同于普通的人力资源,它具有异质性、创新性、稀缺性等特征,因此在一定时期内,某类人力资本的供给是非常有限的,它是一个既定不变的量。它不仅要求人力资本所有者必须具备一定的知识、技能和实践经验,而且还要求具有出色的团队领导能力和沟通能力、卓越的技术创新能力、良好的身心健康素质,甚至在有的条件下,还与其先天禀赋有关。所以要培养一位人力资本所有者,必定要经过相当长的周期。即某类人力资本的供给曲线会垂直于横轴,并相交于横轴。同时,由于人力资本是人力资源中的精华,是一个组织在现代社会赢得竞争优势的关键,加之其稀缺性,所以对人力资本的争夺就成为各个组织的重点之所在,因此该类人力资本的需求曲线上每一点的弹性都近似于零,即需求曲线和供给曲线重合。

究竟是什么原因导致各个组织对稀缺的人力资本的竞相追逐?或者说人力资本的精华之处是什么?在人力资本的供

给量既定的条件下,是什么原因推动人力资本的价格沿着既定的供给曲线不断上移呢?要回答这些问题,需要首先考虑,人力资本这种生产要素所具有的异质性的特殊性,即组织竞相购买的这种生产要素,是一种嵌入人力资本期权的特殊的生产要素。

二、人力资本的内生价值

在前面讨论人力资本价值的内涵时,我们已经知道,人力资本的价值是由人力资本的内生价值和人力资本的期权价值共同决定的。所以人力资本的内生价值,也可称为人力资本的内生价格,是指在不含有人力资本期权价值的情况下人力资本所具有的价值,也即在某时刻,人力资本在与本组织其他资本进一步结合前,在不计算人力资本期权价值的情况下该人力资本的价格。举个例子来说,假如某城市聘请一批研究生做环卫工人,只要求他们打扫大街卫生,进行街道保洁,根本不需要他们基于他们专业知识,或发挥他们异质性的人力资本进行创造性的工作。那么在这种情况下,为这批研究生因为环卫工作而支付的工资报酬和各种福利的现值是否就是这些研究生所应具有的内生价值呢?自然不是。由于在这个例子中这些研究生所提供的服务甚至不全是一个健全普通人的全部工作,根本没有体现人力资本异质性的价值。

如同股票的价格是由于在某一个时间点上市公司的基本面、该股票资金的流入与流出状况、宏观经济形势和国家的财政与货币政策等因素决定相似,人力资本的内生价值也是基于特定的时点出发,由在该时点人力资本所有者自身所具有的知识、技能、经验、健康、可成长性、管理能力、创新能力、过去的业绩等诸多因素决定的。在其他因素不变的情况下,知识越广博、技艺越高超、经验越丰富、身心越健康、可塑性越强、创新能力越卓越、以往业绩越出色、亲和力和领导力越强,则该人力资本内生价值就越大。而所有的这些决定人力资本内生价值的因素,又是随着时间的变化而变化的,故我们可以假设人力资本的内生价值是时间 t 的函数。

在这里我们用 I(t) 表示在 t 时刻人力资本的内生价值。基于上面的分析,某类人力资本的现时价值 I(t) 包含了一天前、一个月前甚至一年前该人力资本内生价格中的所有信息,而且现时的价值只与将来的预测有关。由于决定 I(t) 的各种影响因素在不同的时点会呈现出不同的变化,从而使得 I(t) 或者以一定概率上升,或者以一定的概率下降,或者不发生变化。因此,我们可以假定人力资本的内生价值服从马尔可夫过程,并且具有弱型市场有效性。用 Q(I,t) 表示在 t 时刻人力资本的期权价值,它是关于 I(t) 和 t 的函数。用 V(I,t) 表示在 t 时刻人力资本的价值,它等于人力资本的内生价值 I(t) 和人力资本的期权价值 Q(I,t) 之和。用公式表示为:

$$V(I,t) = I(t) + Q(I,t) \quad t = [0, T]$$

此处 T 表示组织和人力资本所有者所签订的劳动合同中约定的劳动者提供服务的时限。该模型就是人力资本价值计量的期权模型。当 t=0 时,V(I(0),0) 表示组织最初聘用该人力资本所有者时,在人力资本的内生价值为 I(0) 的情况下能够资本化的人力资本的价值,是该组织对某类人力资本的需求价格,同时也是该人力资本所有者愿意接受的人力资本的供给价格。

三、人力资本期权

(一)人力资本期权的含义

期权是指一种合约,该合约赋予持有人在某一特定的日期或该日之前的任何时间以固定价格购进或售出一种资产的权利。从广义上说,期权是赋予合约的持有者去执行某个行为的权利,但其未必一定要行使这个权利,执行权的行使与否要视未来的具体情况而定。只有当行使这个权利,不致使损失进一步扩大或收益进一步缩小时,期权的买入方才会去行使。

人力资本期权是指投资于人力资本的合约,该投资可以增加组织的选择权,即赋予持有人在未来某一特定的日期或该日之前的任何时间按约定的行权价格而采取行动的权利。它是以人力资本为标的物的期权。由于人力资本具有创新性和异质性等特征,从而使得人力资本聘用方在购买人力资本以后,能极大地提高组织的绩效,有利于组织实现目标,提供组织价值。组织在选聘人力资本时,首先要考虑哪些人员与本组织文化相符合的资质人选,什么样的人力资本与组织的其他要素结合才能带来预期的收益,从而保持组织或整个团体战略目标的一致性。组织在遵守各项劳动法律、法规和规章的前提下,为了确保预期利益的实现,必然会与人力资本的所有者签订明确各自权利和义务的劳动合约,并在合约中约定能使其利益实现的各种指标和解除或调整合约的条件。当条件成熟时,组织就可以按合同约定行使合约所赋予的各种权利。显然,这些权利就是隐含在组织所购买的人力资本中的各种期权。同时,为了实现组织价值的最大化,在 t＝0 时选聘人力资本时,聘用方还必须力求以最少的成本实现既定的目标,所以必须考虑 $V[I(0),0]$。在 $V[I(0),0]$ 中,组织必须计算有多少是用于初始人力资本的内生价值,有多少是属于为未来获取人力资本期权的收益而花费的期权费。

(二) 人力资本期权的分类

人力资本期权可以按不同的标准进行分类,主要有:

第一,根据期权的行使日是否有限制,如同金融期权一样,人力资本期权也可以分为欧式期权和美式期权。如果在合约中约定,只有约定的日期到期,聘用方方可行使权利,则该期权为欧式期权;如果聘用方有权在合约约定的到期日之前任何时刻行权,则该期权为美式期权。

第二,根据聘用后是否追加投资,人力资本期权分为即时期权和迟延期权。如果聘用后立即委任指定的职务,该期权为即时期权。如果聘用后要经过一定时期的培养,追加投资后方委任指定的职务,则属于迟延期权。

第三,根据中期考核结果确定是否行权,分为延续期权和放弃期权。如果中期考核合格继续聘用,则该期权属于延续期权;反之,如果考核不合格,聘用方可行使调整权或解除权,这种期权则属于放弃期权。

第四,根据首先提出解除权的当事人不同,分为主动期权和被动期权。由聘用方首先提出行使解聘权的期权,为主动期权;由人力资本所有者首先提出解除权的期权,为被动期权。

(三)人力资本期权的特点

人力资本期权和金融期权都属于期权,都赋予合约持有人一定的权利,都有标的资产、执行价格和到期日等。但与金融期权相比,人力资本期权还具有以下一些特点:

第一,行权方式特殊性。当金融期权在行权日的价值为零时,金融期权的多头会选择放弃期权所赋予的权利。假如人力资本期权在行权日的价值为零,即执行价格小于或等于人力资本的内生价值,在这种情况下,聘用方要么行使解除权要么行使调整权。

第二,行权提出方不定性。金融期权的多头有权提出是否行权,而空头则负有相应的义务。根据劳动法律、法规规定以及合约的约定,不仅聘用方可以提出终止劳动关系,而且劳动者也可以提出解除劳动关系。

第三,负有提前通知义务。金融期权的多头在行权前不负有提前通知空头义务。但对人力资本期权而言,无论哪一方首先提出行权,必须在合约约定的提前期限内负有通知对方的义务,除非是行使法定解除权。

第四,具有嵌入性。一般情况下,相当一部分金融期权属于非嵌入式期权,这些期权与标的资产相分离。而人力资本期权是嵌入在人力资本中的。

第五,具有单一属性。人力资本期权本质上是一种看涨期权,因为在人力资本所获得的报酬中,股票期权的份额往往会占相当大的比例,这样有利于保持与股票期权激励机制的一致性。

第六,行权分阶段性。由于劳动合约的特殊性,聘用方对劳动者的考核通常是分阶段进行的,即使在试用期也是如此,从而使得人力资本期权的行权具有阶段性。

第七,支付辞退福利。由于受与劳动相关法律、法规或规章的限制,或者源于劳动合约的约定,聘用方在行使解除权时通常会涉及支付辞退福利的问题。

四、人力资本期权的计算

此计算可以根据欧式人力资本期权的定价和计算。根据劳动合约的特点,一般情况下,在过了试用期以后,组织会对人力资本进行定期考核。当然,有时组织在录用人力资本所有者时,可能不设定试用期,这在公共部门表现尤其明显。在每一个考核期结束前,人力资本期权都如同欧式股票期权一样。由于人力资本期权在本质上属于看涨期权,那么在计算欧式人力资本期权的价值时是否可以直接运用布莱克—斯科尔斯—墨顿欧式看涨期权定价公式(本书称之为 B/S 公式)呢?

由于布莱克—斯科尔斯微分方程是基于如下七个假设,即股票价格服从几何布朗运动、股票不支付股息、交易保持连续性、无交易费用和税收、无风险利率为常数且保持不变、股

第三章 人力资本价值计量

票允许卖空且能无限分割、不存在无风险的套利机会等;同时在推导 B/S 公式时还需要一定的定解条件,所以我们有必要来验证运用 B/S 公式来求 $Q(I,t)$ 的假设条件和边界条件是否满足?

首先来分析各个假设条件:

$I(t)$ 是否服从几何布朗运动? 前面已经分析人力资本的内生价值服从马尔可夫过程,并具有弱型市场有效性。在人力资本市场上,为数众多的组织在寻找符合本组织文化和岗位需求的人选,这势必导致他们紧紧盯着人力资本市场上的内生价值即 $I(t)$ 的变化,以求增加组织价值,这就类似于股票价格的变动。同时 $I(t)$ 是由于工薪报酬组成,在这其中,股票期权往往占了相当一部分比例。因此,我们有理由假设 $I(t)$ 是服从几何布朗运动的。即有:

$$\frac{dI(t)}{I(t)} = \mu dt + \sigma dz \tag{3-1}$$

此处 μ 为期权报酬率,σ 为波动率,z 服从标准布朗运动。

关于股票不支付股息的假设,实际上也就意味着人力资本所有者会不会向聘用方发生支付。即使偶尔发生支付,我们也可以从当期的薪酬或其他支出中扣减,将其看成是本期薪酬的减少,故可以假设这一点是满足的。虽然人力资本的价格的变化具有离散性,但若将每一时刻的 $I(t)$ 都缩小一定的倍数后,可以看出其变化如同股票价格的变化。并且在当今社会,由于存在着大量的高级人才市场和各种技术专才市场,加上猎头市场的存在和网络信息技术的运用,在人力资本自由流动的情况下,可以毫不夸张地说,人力资本市场的范围已扩展至全世界,价格的离散区间越来越小,所以人力资本市场的交易可以近似地认为满足了市场交易连续性的假设。至于无交易费用和税收,在人力资本的聘用和解聘过程中,一般不会发生需要纳税的情况。但交易费用在购买人力资本的过程中肯定会发生,如组织因招聘而发生的广告费、招聘员工的差旅费、交通费等,这些费用可以记入到组织的管理费用中。如果发生大额的与招聘或解聘有关的费用,可以资本化到人力资本的成本,或者记入管理费用,并在计算执行价格或组织价值时再予以加回,这样就不影响无交易费用和税收的假设。

在推导 B/S 公式的过程中,需要构造一个无风险的资产组合 Π,即买入一份看涨期权 V,卖出 Δ 股股票 S。

$$\Pi = V - \Delta S \tag{3-2}$$

那么,在推导欧式人力资本期权的过程中是否也可以构造如上式这样的投资组合呢?或者说构造这样的无风险组合是否具有一定的经济意义?我们仍用 Π 表示资产组合,用 Δ 表示份额,假设构造的投资组合为下式:

$$\Pi_t = Q(I,t) - \Delta I(t) \tag{3-3}$$

上式可变为:

$$\Pi_t = [Q(I,t) + I(t)] - (\Delta + 1)I(t) \tag{3-4}$$

把式 $V(I,t) = I(t) + Q(I,t)$ 代入上式,有:

$$\Pi_t = V(I,t) - (\Delta + 1)I(t) \tag{3-5}$$

所设无风险利率为 r,并且在聘用期内保持不变。上式表明组织可以构造这样一个投资组合,在买入一份价值为$V(1,t)$的人力资本的同时,按风险利率r贷出$(\Delta+1)$倍,相当于买入的这份人力资本的内生价值$I(t)$的资金,这样的组合是无风险的。这也就说明了(3-3)式的无风险组合是存在的。该组合一定与其他短期无风险证券具有相同的瞬时收益率,即符合无套利原则。否则,套利者可以通过从银行取得贷款买入该组合,或者卖出该组合并同时买入该无风险证券,从而取得无风险收益。

通过上面的分析,并通过对冲原则得到$\Delta=\partial Q/\Delta I$,根据布莱克—斯科尔斯微分方程,有:

$$\frac{\partial Q}{\partial I}+\frac{1}{2}\sigma^2 I^2 \frac{\partial^2 Q}{\partial I^2}+\gamma I\frac{\partial Q}{\partial I}-\gamma Q=0 \quad (3-6)$$

其次来分析欧式看涨期权的边界条件。对欧式看涨期权来说,当$t=T$时,有:

$$Q(I,T)=max\{I(T)-K,O\} \quad (3-7)$$

根据式(3-6)的微分方程和式(3-7)的边界条件,模仿布莱克—斯科尔斯—墨顿欧式看涨期权公式的推导可以计量初始人力资本内生价值。

五、特殊人力资本期权的计算

特殊的人力资本期权包括迟延期权和放弃期权。

(一)迟延期权

出于人力资本具有创新性和异质性,对组织制度的深入了解和调整,对组织文化熟悉,对各种人际关系的把握和平衡等,都需要相当长的时域。以企业家人力资本为例,一项战略性决策通常都是深思熟虑的结果。决策的成功与否,时机的选择是否得当,都决定了一个企业未来的走向。这也就说明了一项决策的公布,都要求企业家对整个宏观领域和微观领域有精准的把握度,而这些并非是能瞬时完成的。换个角度来看,不难发现,企业的改革必然会触及一部分员工的利益,即使企业家的决策议案是正确和合理的,设想如果有相当一部分下属或者决策层对其纷纷予以抵制,其结果也很难成功。同时,企业为了更有效地实现其预期目标,一方面要确保招聘到符合企业自身要求的具有一定资历的合格人员,另一方面又要避免过于主观化,让人力资本最大限度地发挥其应有的价值,在录用该人力资本后,企业会追加投入一定的资金,作为企业对该位员工进行为期一定时域的职业教育和培训,甚至有的跨国企业不惜花重金将其输送至海外培训。这样就能给聘用的人力资本所有者一个充分的准备时间,让其同企业的各种生产要素和其他各种内外部环境有一个最佳磨合的机会,从而人力资本的迟延期权便在这种情况下应运而生了。

  在实物期权中,我们知道存在着选择期权的问题。选择期权与迟延期权有相似之处,但也有不同。在项目投资中,有些项目由于市场前景的不明朗,资金或相关人员配备不到位或国家宏观政策的缘故等,它们可以在时间上进行迟延。也许迟延实施这些项目可能会使企业获得更多的现金流,当然也可能会流入更少。而有些项目,属于立即执行项目,在实施时间上则不能迟延。对于那些在执行时间上能够迟延的项目,才存在选择期权的问题。选择迟延执行,还出于另外一个原因,虽然立即执行可带来正的净现值,但迟延执行该项目也许价格更大。在计算过程中,将项目投资成本作为执行价格,将未来现金流量的现值作为期权标的资产的现行价格,并将立即执行期权的价值和迟延执行期权的价值相比较。如果前者小于后者,则选择迟延执行该项目;反之,则应选择立即执行。当然,在这种情况下,如果初始投资成本或投资成本的现值改变的话,则可能会出现相反的结论。由于实物期权在标的资产的价格、执行价格和方差等方面的估计较为困难,所以以上只是粗略的计算。

(二) 放弃期权

放弃期权源于四种情况:第一是组织能够在人力资本市场上购买到同类人力资本,预期该资本带来的单位期权损益将会大于正在使用的人力资本的单位期权损益,因而放弃现有的人力资本期权,去增加组织的现值。该情况并不同于在考核人力资本的过程中,由于人力资本的执行价格大于或等于人力资本的内生价格,从而导致其期权价值为零的情形。即在该情形中,该人力资本可能达到了考核目标,即期权收益为正值;也可能没有达到考核目标,其期权损益为负值。一般情况下,这是由于预期将要购入的人力资本的内生价格较大的缘故,如管理水平更高明、技术更加精湛等。而且,新购入的人力资本期权必须要表现为欧式期权的特征,可能在劳动合约中任何一方未到约定的期限行使解除权,将要支付巨额的违约金,否则组织方因该聘用将承担巨大的代价。第二是由于人力资本所有者的缘故,比如说突发的意外事件、身体健康状况等,从而导致其内嵌的期权价值降低甚至丧失的情况,使得企业方被迫放弃的情形。由于期权价值的降低,有可能导致期权损益为负;或由于期权价值的丧失,使得其失去人力资本的应有内涵而退回到人力资源市场中去,甚至退出人力资源市场。第三,由于国家宏观政策的限制、市场前景黯淡或资金流周转困难,组织被迫将某些项目下马,从而放弃该人力资本预期将会带来的期权收益的情形。第四,正常的情况下,由于对人力资本按照合约约定的考核指标进行考核,出现期权损益为负的情况,从而导致组织被迫放弃的情形。

第二节 人力资本的经济学计量模式与方法

一、人力资本形成发展历程相伴随的测试模式与方法

按照人力资本理论形成和发展历程以及人力资本与经济增长关系的发展脉络,大致可以划分为以经济增长中劳动投入要素为基准的人力资本测度模式;以人力资本的形成、投入和产出为线索的人力资本测度体系以及从微观角度研究的人力资本与经济增长的测度模式。

(一)以经济增长中劳动投入要素为基准的人力资本测度模式

以经济增长中劳动投入要素为基准的人力资本测度模

式,以亚当·斯密和大卫·李嘉图的古典经济学理论内核可得出劳动投入与产出的静态模型 $G=q*l$ 为基础(其中 G 为产出,q 为劳动生产率,l 为劳动力数量),到马克思的劳动价值论中进一步抽象出的劳动与产出的测度模式:$W=v*q$(其中 W 为社会总财富,即使用价值;v 为劳动时间,即价值;q 为劳动生产率)。

20世纪30年代,凯恩斯面对西方经济大萧条、有效需求不足和就业不足等经济背景,从宏观角度提出了劳动与产出的测度模式:$L=D/R$,其中 L 为就业总量,D 为总需求,R 为容纳一个劳动力所需要的社会平均需求额。如果将总需求 D 视作社会产出 G,容纳一个劳动力所需要的社会平均需求额 R 视作劳动生产率 Q,则该模式可以改写为:$G=Q*L$。

索洛和丹尼森在柯布·道格拉斯生产函数的基础上,分别提出了劳动与经济增长的关系模型。索洛的新古典模型为 $G=F(K_1,F_1,T)$,其中 G 为产出,K_1 为资本投入,L_1 为劳动投入,T 为时间因子。通过包含技术进步因素的索洛经济增长模型就可以对劳动生产率和资本—劳动力构成的卡尔多的经济增长事实做出合理解释,说明索洛技术进步经济增长模型不仅可以提高新古典经济增长理论的说服力,而且对理解经济增长事实也是至关重要的。丹尼森在前人的基础上对劳动要素按照就业、劳动时间、教育程度、性别、年龄等进一步细分,并将小时收益作为权重进行加权,确定了人力资本与经济增长的理论框架。

(二)以人力资本的形成、投入和产出为线索的人力资本测度体系

自20世纪60年代起,芝加哥学派的两位著名代表人物西奥多·W.舒尔茨和加里·S.贝克尔,相继对经济增长与人力资本投资及其关系进行了深入的研究,并取得了一系列的重大进展。正如舒尔茨本人所言,"研究经济增长而无视这些人力资本投资,就等于想不用马克思主义就能结识苏联的意识形态"①。

舒尔茨所提出的人力资本理论,将资本分为人力资本和非人力资本两大类,认为通过对人力资本的投资能够提高人力资源素质,促进人力资本的增加,能够有效地推动经济的增长。而且,对人力资本的投资具有收益的递增性,在人力资本上的投资越多,经过一段特定时期后获得的边际收益也就越多,这将克服其他生产要素的边际收益递减从而保证经济的长期增长。就人力资本的估算,舒尔茨认为,对于非人力资本(以物质资本为代表)来说,所有的习惯做法是估算用于生产资本物品的费用所形成的资本量。然而,对于人力资本的计算来说,如何区分消费支出和投资支出,无论在理论上还是在实际处理上,都存在相当的难度。这一点,在以支出来估算物质资本物品的价值显然是不会存在的,至少相对简单一些。因此,以人力生产过程中的支出来衡量人力资本的价值并不

---

① [美]西奥多·W.舒尔茨.论人力资本投资[M].北京:北京经济学院出版社,1990:4.

像物质资本一样有用。我们可以考虑另一种可供选择的方法,就是用它的产量而不是用它的成本来进行计算。虽然靠人力投资而形成的全部能力都变成了人力的一部分,从而使它不能出卖,但是,通过对人们所挣工资和薪水所表现出来的收益来衡量人力资本的价值。精确地计算人力投资有困难,我们可以通过考察人力改进方面的某些重要活动而获得启发。

以用"经济分析"研究"非经济问题"而著称并获得1993年诺贝尔经济学奖的经济学家加里·S.贝克尔则从人力投资与收益的关系的角度对人力资本的形成作了分析,提出了人力资本投资—收益的均衡模型,他运用经济数学方法,以家庭为单位,以人类时间价值提高对子女质量要求为核心,展开对人力资本投资与经济增长关系的考察。他认为,"唯一决定人力资本投资量的最重要因素可能是这种投资的有利性和收益率"[①]。贝克尔描述了人力资本投资收益率的模型:

$$X+Y=\sum_{i=1}^{n}(Y_{10,i}-Y_{9,i})/(1+I)^i \qquad (3-8)$$

上式中:X为受第10年教育的直接成本,Y为受第10年教育而放弃的工作收入(间接成本或机会成本);$Y_{10,i}$为受过10年教育之后的人第i年的工作收入,$Y_{9,i}$为受过9年教育之后的人第i年的工作收入;n为受过10年教育之后可以取得工作收入的年份总数,I表示第10年教育的收益率,i为所考察的

---

① [美]加里·S.贝克尔.人力资本[M].北京:北京大学出版社,1993:42.

年份。该模式表示:"受过 10 年教育的人的预期收入流量之和"与"受过 9 年教育的人的预期收入流量之和"的差额,不能低于"受过 10 年教育的总成本"的差额,也即前者的投资收益率不能低于后者的投资收益率,否则,人们只投资 9 年的教育。

此外,贝克尔还系统地研究了为何要对人力资本进行投资、如何投资及人力资本的形成、教育投资与经济增长和人们的消费内在关系等,并给出了人力资本成本测度模式、人力资本综合投入产出模式、人力资本投资收益率、在职培训投资收益比较模式、人力资本与消费关系的测度模式等五种测度模式。

(三)从微观角度研究人力资本与经济增长的测度模式

由于索洛模型并未对技术进步做出令人满意的解释,促使经济学家在探索技术进步的产生原因和对经济增长的作用机制方面进行了不懈的研究,并力求寻找能够反映和解释规模收益递增的模型。20 世纪 80 年代,新经济增长理论得到了长足的发展,其代表人物保罗·罗默和罗伯特·卢卡斯的经济增长理论最具代表性和创造性。

罗默通过对消费者效用函数的分析,证明存在社会适度知识存量和经济增长的竞争均衡,但由于生产中引入规模收益递增,不存在帕累托最优。其结论为:技术进步可以提高投资的收益,投资又会引起知识存量的增长,知识存量的增加加快了技术进步的步伐,在这种正的反馈中,专业化的知识可以产生"内在经济效应",给个别组织带来垄断利润,而垄断利润的形成是个别组织开发新产品的知识积累的资金来源;全系统总的知识存量可以产生"外在经济效应",使全社会能够获得规模经济效应。因此,知识的积累通过内在效应和外在效应,不仅使一种产品的生产过程本身产生递增的收益,而且可以使资本和劳动力等其他物质要素的收益增长。它不仅可以给个别企业带来递增的收入,而且可以给全社会的产出带来递增的收益。所以知识积累会使长期稳定的经济增长得以实现,是现代经济增长的新源泉。在罗默模型中,特殊的知识和专业化的人力资本是经济增长的主要因素。

卢卡斯模型将人力资本作为一个独立要素纳入经济增长模型,运用更加微观的方法把舒尔茨和贝克尔的人力资本概念、索洛的技术进步和罗默的知识积累具体化为"每个人的"、"专业化的"人力资本,以期解释持续经济增长的问题。卢卡斯人力资本外部性内生模型与索洛模型和罗默模型相比,不仅将技术进步内生化,而且将人力资本作为生产要素引入模型,揭示了人力资本的生产功能的产出作用和外部性作用。

二、人力资本经济学计量的具体模式与方法

经济学对人力资本指标的界定和计量中,虽然各自考虑的角度不同,但归结起来一般有两种角度:一是从人力资本的产出角度计量;二是从人力资本投入角度计量。其中,还包括两个方面含义:一是人力资本的现有存量,即人力资本的积累状况;二是人力资本的流量,即人力资本投资与形成的状况,它是构成人力资本积累的基础。本书主要从这两个角度论述人力资本经济学计量模式与方法。

(一) 从产出角度的计量方法

从产出角度计量人力资本,最常用的方法是劳动报酬法,即用劳动者的平均劳动所得来体现劳动者身上所蕴含的人力资本。从理论上说,由于劳动者报酬直接是产出的一部分,用它来体现劳动者的人力资本,不仅精确明了、计算简单,而且将投入与产出紧密联系,关系清晰、简明。然而在实际运用过程中,由于人力资本—人力资本供给—人力资本报酬(表现为劳动报酬、薪金水平等)三者之间难以精确匹配,使这种方法存在相当大的误差;然而单纯从薪酬(劳动者的工资、奖金、红利等)角度,并不能准确计量出人力资本的实际存量价值。

一般说来,在制度环境及效率原则一定的情况下,人力资本可以间接地通过实践的结果(劳动量的实际支出及在市场经济条件下表现为完全货币工资)来衡量。

(二) 从投入角度的计量方法

从投入角度对人力资本进行计量的方法占到相当大的比重,这在很大程度上是考虑到指标计量和数据获取的方便性和可行性,普遍受到认可的具体方法包括以下五种:

1. 学历指数法

对不同层次的劳动者赋予不同的学历指数,将学历指数作为权数进行加权求和,计算公式为:

$$H_i = \sum_{i=1}^{6} HE_{ij} \cdot w_i \qquad (3-9)$$

其中,H_i 为人力资本存量,HE_{ij} 为第 i 学历水平的劳动力数量;w_i 为学历指数。$I=1,2,3,4,5,6$ 分别表示文盲半文盲、小学、初中、高中、大学大专、大学本科及以上。

很多学者对于学历指数的确定给出了不同的方法,其共同之处在于都考虑了知识的积累效应,将学历指数序列确定为几何增长或指数增长。

2. 技术等级或职称等级法

按照劳动者的技术等级或职称加权。这种方法较上述方法更能反映不同劳动者所含人力资本产出的实际贡献,但是由于劳动力认证体系和劳动力市场不统一、不完善,技术等级和职称往往不能准确反映劳动者的人力资本存量及其贡献,数据的可获取性和可靠性难以保证,实际应用中存在诸多困难。

3. 教育经费法

从人力资本核算的角度测算培养劳动力的教育和培训成本,是计量人力资本存量的重要方法之一。培养劳动力的人力资本成本可以分为公共支出和个人支出,个人支出又分为直接支出与间接支出。公共支出部分主要来源于财政支出中的公共教育经费,同时还应包括用于劳动力卫生保健和劳动保险的公共支出部分,来源于其他渠道的非财政教育经费,以及企业和公共机构用于劳动力培训和人力资源开发方面的支出等。个人直接支出就是家庭和个人用于接受教育和培训所花费的费用;间接支出是指接受教育和培训的人在接受教育或培训期间所损失的工资和其他收入。对于上述资料的数据统计并不完全,同时不同数据来源的资料统计口径也存在差异,可比性较差。

4. 人才与非技术劳动的分解法

西方学者对劳动投入的分解,最初的想法是将其分解为人力资本和普通劳动力,或所谓的人才和非技术劳动力,从而分别计量他们对产出的贡献。有关人才的定义和计量一直以来就是一个模糊而有争议的问题。可以用受教育年限的长短来定义人才,也可用职称、职务、学历、专利和科研成果等多种特征来给人才下定义,由于指标选取的不同,造成了计量结果的不一致;而且,对人才投入只占全部人力资本投入总额的一部分,按照该方法计量,显然低估了人力资本总投入水平。因此,在实践操作中,该方法仍然未能被普遍采用。

5. 受教育年限法

受教育年限法是当前相对流行的一种从投入角度计量人力资本的方法,其本质是用劳动力的受教育程度或年限来代表劳动力的人力资本存量,可以排除"学历指数法"、"技术等级或职称等级法"等的人为主观因素的影响;可以排除"劳动报酬法"中的工资等分配政策和制度的影响。

该方法的指导思想是:为了计量不同劳动力之间所含人力资本的差异性,最一般的方法是将劳动力分类,然后按照不同劳动力的人力资本特质对其进行加权求和,即得到总的人力资本存量,计算公式为:

$$H_t = \sum_{i=1}^{6} HE_{it} \cdot h_i \tag{3-10}$$

其中 H_t 为 t 年的人力资本总存量,HE_{it} 为 t 年第 i 学历层次劳动力的人数,h_i 为第 i 学历水平的受教育年限(学制)。这一方法简明扼要,数据的可得性和准确性比较有保障。

但该方法也存在不足之处,比如忽略了或无法计算知识的积累效应,即认为随着教育年限的增长,劳动者的人力资本存量是呈算术级数增长;将小学教育的1年时间与大学教育的1年时间等同,不能充分反映出不同教育阶段的时间价值存在的巨大差异;而且基础教育、专业化教育不能给予区分;另外也未能将影响人力资本质量的年龄结构和性别结构充分地体现在该方法中,这也是其他方法所存在的共同不足。

综上所述,经济学对人力资本问题的研究较多地侧重于人力资本对经济增长关系的解释,尤其关注人力资本投资与经济增长之间的相互关系和相互作用,而对于人力资本投资决策的分析,往往从宏观社会角度或"理性人"的角度出发,较少涉及人力资本投资对组织的影响。此外,经济学研究并没有提出人力资本计量的具体方法,即使在进行个人的投资成本与收益决策分析时,计量模型所采用的是社会平均数据,得到的结果是社会平均结果。

产生上述特点的原因可能主要在于现代经济学的主要目的是在于解释各种社会经济现象,对人力资本的准确计量并不是其研究的重点。

第三节 人力资本的会计学计量模式与方法

一、人力资本的会计学计量

由于人力资本是具有创新性、异质性和难以替代性的人力资源,无论人力资本通过何种方式获得,通常都具有非流动资产的特征。对人力资本的会计处理包括人力资本的初始计量、后续计量和人力资本的退出这三部分。

(一) 人力资本的初始计量

在人力资本的初始计量中,最核心的内容便是人力资本的取得成本的确定。所以人力资本的取得成本,是指取得满足组织目前和将来需要的某人力资本而必须付出的一切能用货币计量的合理的开支。按照组织取得人力资本方式的不同,可分为投资者投入的人力资本和组织购入的人力资本这两个部分。对于前者,处理比较简单,按现代会计学的思想,如果合约约定是公允的,只要按照合约确定的价值记入人力资本的成本即可。而对于后者,它主要包括两方面的内容,一方面是因为招聘该人力资本而发生的相关费用,如招募成本、选拔成本、入职的培训成本等,这部分成本比重相对较小。如果该部分费用特别低,也可以基于重要性原则,直接记入当期损益;另一方面则是薪酬成本,包括合约约定的薪水、奖金和股票期权等,该部分占取得总成本的份额相对较大。现实中人力资本的聘用合约的年限一般都在三年以上,所以人力资本通常又具有长期资本的性质。企业定期支付的薪酬类似于采用分期付款方式购买超过正常信用条件的资产,因此人力资本的取得成本不能简单地以各期支付的薪酬之和来确定,而应当根据各期付款额在选择恰当的折现率进行折现后的和来确定,并将上述两者之差作为未确认的融资费用,在人力资本所有者被正式委任之前予以资本化,委任之后费用化。

（二）人力资本的后续计量

人力资本的后续计量，主要包括人力资本的追加投资、人力资本的使用和摊销及人力资本的期末计价这三方面的内容。提升人力资本价值，主要包括教育和智力再培训等。除医疗保健因素外，对人力资本追加投资，形成了再投资成本，它主要是由于生产技术、组织变革和其他情况的变化，为使组织现有的人力资本能够适应新的环境而支付的培训费和其他可归属于培训过程的，为提高人力资本对组织未来的价值贡献而发生的一切合理的和必要的支出。

人力资本同其他长期资产一样，随着其使用，其成本也应该按一定的方式进行摊销，记入到当期损益中去。人力资本的摊销方式主要有直线法和实际利率法。其中直线法只是在合同年限内简单平均，故其准确性较差；而实际利率法比较复杂，但相对也比较准确，符合实际。在实际利率法下，假设组织发生的招聘成本特别少，则第一期期初摊余成本就是各期付款额的现值之和。用实际利率乘以每期的期初摊余成本来确定本期的融资费用，企业每期按合约的约定实际支付的薪酬分为两个部分，一部分为本期已确认的融资费用，另一部分则为本金的减少，从而相应地降低了期末摊余成本。

接下来来讨论人力资本的期末计价。之所以要对人力资本进行期末价值评估，一方面是由于组织在实际的生产经营过程中，会面临多种风险，主要包括人力资本的产权权利受损、用人不当风险、突发事故风险、技术进步风险、由于环境变化而导致的人力资本再投资风险、政府的宏观调控风险和法律风险等,另一方面是由于前期对人力资本的价值创造估计不足,或者是人力资本的所有者或组织对人力资本的投资导致人力资本的预期创造力的增加等。将人力资本的评估净现值与其账面价值进行比较,按现代会计理论的思想,应分别处理如下:如果前者大于后者,则将差额部分增加人力资本的成本,同时增加资本公积;若两者相等,则不作调整;若前者小于后者,将差额作为损失计入公允价值变动损益或资产减值损失,冲减当期利润。

(三)人力资本的退出

人力资本如同其他资产一样,在退出的过程中也会发生一些费用。所谓人力资本的退出成本,是指因合约到期不再续约,或由于健康状况,或由于人力资本的所有者提前离职等原因而支付的退休金、退职金和一次性补偿金等费用,并将这些费用直接计入当期损益。在人力资本退出时,需要结转人力资本的账面价值,并将前述的资本公积也一道予以结转。

二、人力资本会计计量的分类及模式

人力资本会计计量主要从人力资本的成本计量和价值计量两个方面展开,分别阐述各自的计量模式及方法。

(一)人力资本的成本计量及其模式

人力资本的成本计量是从人力资本投入的角度来确认和计量支出的计量模式,目的在于对人力资本的投资额进行计量,提供人力资本的成本信息。人力资源成本包括取得、开发和保全人力资本使用价值而付出的总代价,包括组织实际付出的成本和应承担的损失成本,在内容上涉及人力资源的取得、开发、使用、保障和离职等方面;弗兰霍尔茨将人力资源成本分为取得成本、开发成本和重置成本。传统的人力资源会计对人力资本采取成本作为计量属性的主要有历史成本法和重置成本法两种模式。张文贤还提出了机会成本法,认为该方法是以员工离职使组织蒙受的经济损失为依据进行的计量方法,比较接近于人力资源的实际经济价值,但与传统会计模式相距较远,导致核算工作繁重。适用于员工素质较高、流动性较大且机会成本易于获得的组织。

下面就历史成本法和重置成本法两种主要模式进行说明:

1. 历史成本法

历史成本法也称为原始成本法、实际成本法,是以取得、开发、维持人力资本时发生的实际支出计量人力资本成本的方法。它反映了组织对人力资源的原始投资,包括人力资本的取得成本、开发成本和维持成本。通常应分为组织职工的招募、选拔、录用、安置等取得成本,职工上岗前教育、岗位培训、脱产培训等开发成本,以及人力资本的工薪、奖励、调剂、保障等维持成本。这些成本的一部分是直接成本,另外一部分属于间接成本。例如,在对组织的新招职工进行培训时,付给接受培训者的工资是直接成本,而负责该项培训工作的管理人员的时间耗费成本则是一种间接成本。

2. 重置成本法

人力资本重置成本分为两种情况:一种是从个人的角度,

计量会计实体在现时条件下重新取得或通过培训取得与现有职工的技术水平、素质和工作能力相当的能提供同等服务的能力及以其来代替正在雇用的职工所应发生的全部费用,称为"个人重置成本",其成本相对较高。另一种则是从职位(工作岗位)的角度,计量会计实体在现时条件下取得和培训符合特定工作岗位要求的职工来代替目前正在该职位工作的职工所应发生的全部费用,称为"职位重置成本",其成本相对较低。通常,组织一般比较注重职位重置成本,这是因为,组织"重置"职工的目的,在于使职工能够胜任特定工作岗位的工作,而不一定要求"重置"的职工具备与被替换下来的职工相同的素质。所以,"与其从重置原来某个人的角度来考虑,倒不如从取得能在特定职位上提供相同服务的替代人的角度来考虑"。

笔者认为人力资本的重置成本是指由于置换目前正在使用的人员所必须付出的代价。人力资本的职位重置成本一般包括现有人员的离职而发生的成本和获得并开发替代者所发生的成本两部分,即除了历史成本中的取得成本和开发成本两项内容之外,还包括被替换职工的离职成本。从上述概念中可以看出,人力资本重置成本主要根据当前的市场状况进行具体估算。

具体来说,人力资本重置成本由人力资本的取得成本、开发成本和离职成本三部分组成,其中取得成本、开发成本与历史成本法中的取得成本、开发成本基本相同,可以看作为重新取得和开发一批人力资本的成本。

（二）人力资本的价值计量及其模式①

人力资本不同于其他资本，作为其载体的人本身，具有自主性、能动性和异质性。人力资本的效用既取决于组织在人力资本方面的投资，也取决于组织的管理倾向和组织结构、生产条件，更取决于个人的能力、性格、欲望、观念、对群体的适应性，甚至生活习性和社会境遇。每个人的贡献都是这些因素综合作用的结果，而组织的整体人力资源效益又是众多职工相互影响、协调、使用或制约的综合结果。这种结果又和组织内部其他资源运用的结果融合在一起，表现为组织的最终经营成果。所以说，融合在组织最终经营成果里的人力资源因素与组织在人力资源上的投资并无必须联系。而传统会计的方法除在确认人力资本投资外，很少有别的能以定量的形式来揭示人力资本的信息。而整合在组织最终成果里的人力资本——需要引入人力资本价值的概念进行反映。

1. 人力资本价值计量方法的分类

迄今为止，众多学者对人力资本经济价值的合理计量进行了大量的探索，分别从不同角度提出了各种人力资本价值计量方法，这些是我们进一步研究的基础，也在诸多方面给予我们十分有益的启示。概括地讲，这些方法一般包括以下几类：

（1）货币计量方法和非货币计量方法

货币计量方法是用货币单位计量人力资本对组织的经济

---

① 段兴民，张志宏等.中国人力资本定价研究[M].西安:西安交通大学出版社,2005:77~90.

价值,以便将人力资本价值纳入会计核算体系之中。非货币计量方法是主张采用非货币单位计量人力资本,认为人力资本无法用货币来计量,只能采用非货币形式对其进行计量和说明。

在人力资源会计尤其是人力资本价值会计中,笔者认为应有非货币性的计算、分析和说明,尤其是在无法用货币性方法计量人力资本时,用非货币性计量方法代替货币性计量方法具有重要意义。而且人的行为和习性、人的潜能和适应能力、群体的配合习惯和工作气氛等绝不是货币指标所能揭示的。弗兰霍尔茨认为,非货币性计量方法之所以必要,一是因为非货币性计量有时比货币性计量更恰当;二是因为在无法使用货币性计量时,非货币性计量可用来代替货币性计量。这里需要说明的是,非货币分析并不是随心所欲的,应重视发展专门的方法和工具,达到高度的逻辑性和规范性,并要有一些能被普遍接受的专门依据和表达方式,只有这样,非货币性分析才能令人信服,为人们所接受。不过,由于组织决策中普遍采用的是以货币为计量单位的信息,会计信息的主要特征之一是货币计量。因此,如有可能,应尽量采用货币性计量方法,即研究如何以货币性方法计量人力资本价值。

(2) 个人价值计量方法和群体价值计量方法

霍曼逊在《人力资产会计》中,提出了两个人力资本价值的计量方法,一是"未来工资折现调整未予",用来计量个人对组织的经济价值;二是"非购入商誉法",用来计量群体对组织的经济价值。后来,关于人力资本价值的计量方法,形成了两派观点,一是李克特和鲍尔提出的群体价值模式;二是弗兰霍尔茨提出的个人价值模式。

主张群体价值模式的依据是:第一,人力资本价值是指人在组织的价值,这与人力资源会计的基本假设"人是有价值的组织资源"是完全一致的;第二,个人作为组织成员之一,离开了组织就无法衡量他的价值;第三,个人价值的合计,不一定就等于组织的价值。

主张个人价值模式的依据是:第一,组织各部门、各单位和团队的人力资本,乃是个人价值的总计,故应先求出个人的价值,才能求出组织的价值;第二,许多组织的决策都是以个人为中心的,经营成果的好坏与一些个人的经营水平和领导能力有直接关系;第三,人员的投资和管理也是以个人为基础的,如对具体个人的招聘、培训、安置等费用的发生。

但可以推知,个人价值模型与群体价值模型并不完全矛盾,恰恰相互补充,不能相互替代。组织价值模型并不能完全否定个人价值模型的有关观点。人力资本是有价值的个人资源基础上的组织资源。在这一逻辑起点上,应该首先明确,人力资本个人价值是构成集体总价值的基础,是群体价值的组成部分。对于一个组织,人力资本价值的大小首先取决于每一职工,每一管理人员、技术人员业务水平的高低,知识结构的优劣,修养、工作经验的多寡等,很难想象,在人力资本个人价值不高的情况下,组织会有较大的符合需要的人力资本价值。要想使组织人力资本整体价值增大,就必须使每一个职工个人的人力资本价值增大。在这样的前提下,在实际工作中,应该重视组织每一个部门中、每一个岗位上、每一个职工的人力投资与开发、管理与使用,使每一位职工都具备与其所担负责任,完成任务相适应的人力资本价值,只有这样,才能使组织的人力资本的整体价值达到最大。

同时,还要明确人是有价值的组织资源,人力资本的价值要受组织制度、组织管理方式、领导艺术等因素的影响。根据系统理论的观点,人力资本个人价值的简单相加并不能构成人力资本价值的总和(群体价值可能大于、等于或小于个人价值的总和),也不能将群体价值简单地分解为个人价值。人力资本个人价值间的相互关系在一定程度上决定着人力资本总体价值的大小。组织的每一职工都是在特定的生产关系、组织结构、领导方式、组织制度下工作的,他们相互协调、相互配合,共同构成组织的整体。某一职工若离开了组织整体,其个人价值就很难得到发挥和确认。一般员工如此,一个组织的领导者也是如此。可见,人力资本个体价值必须在组织、管理、制度、领导方式下才能得到充分发挥,以整体或系统形式考察与计量人力资本,总价值是至关重要的。只有这样,才有可能使人力资本总体价值达到最大,个人价值又得到充分发挥与确认。

综上所述,人力资本首先是有价值的组织资源,应当作为整体或系统进行确认和计量。人力资本价值会计既要反映群体的经济价值,以便对外提供人力资本总价值的信息;又要为组织内部管理决策(尤其是有关人力资本的管理决策,如招聘、考核、培训、晋升等)提供有关个人价值的信息。这必须建立在重视对人力资本个人价值的研究、投资、开发的基础上，抛弃哪一方面都不能算是对人力资本价值获得了理性的、正确的认识，在实际操作中，也不可能达到人力资源价值量的最大化。

2. 人力资本群体价值的货币性计量方法

群体价值的货币性计量方法主要有非购入商誉法、经济价值法和未来净产值折现法。

（1）非购入商誉法

非购入商誉法最早在1969年由霍曼逊提出。霍曼逊认为，组织过去若干年的累计超额利润，即超过行业平均水平的利润中，一部分乃至全部都可看作是人力资源的贡献，这部分超额利润应通过资源化程序确认为人力资本价值。这种方法类似于组织确认非购入商誉价值的方法，因此称其为"非购入商誉法"。

（2）经济价值法

经济价值法又称为"未来收益法"。该方法认为，人力资本的价值就在于其能够提供未来的收益，因此，应将组织未来各期的盈余折算为现值，然后按照人力资本投资占全部投资总额的比例，将组织未来收益中人力资本投资所获得的收益部分作为人力资本的价值。按照经济价值法，人力资本的价值按以下步骤计算：

第一步，预计未来各期的盈余数额；

第二步，计算未来盈余的现值总额；

第三步，计算人力资本投资占全部投资总额的比例；

第四步,计算人力资本价值。

与非购入商誉法相比,经济价值法有两点重要的改进:其一,用未来盈余作为计量人力资本价值的基础,比较符合资产定义中的"提供未来收益"这一重要属性特征;其二,将全部盈余而不仅仅是超额盈余作为人力资本价值的基础,这样反映较全面。但是,经济价值法仍有以下两点值得商榷:第一是只将盈余的一部分(即按投资比例分摊的一部分)作为人力资本价值,将物力资源同等对待,歪曲了生产资料和劳动力两者在价值形成中的不同功能,掩盖了剩余价值的真正源泉。事实上,全部剩余价值都是劳动者创造的,应全数计作人力资本的价值;第二是将盈余作为人力资本的价值,只反映了人力资本价值的一部分,即剩余价值部分。事实上,人力资本创造的价值不仅包括剩余价值,而且包括必要劳动时间内所创造的新价值,即未来反映人力资本的交换价值,即工资部分。因此,它低估了人力资本价值。

(3) 未来净产值折现法

在借鉴经济价值法的基础上,对其进行两方面的改进:第一,改变只计算盈余,不计算工资的缺点,以净产值替代盈余来反映人力资本的价值;第二,改变按投资比例分摊全部盈余的缺点,将全部净产值的现值总额作为人力资本的价值。改进后的这种方法,称为"未来净产值折现法",其数学模型表述如下:

$$GV = \sum_{t=1}^{n} \frac{(v_t + m_t)}{(1+r)^t} \quad (3\text{-}11)$$

第三章 人力资本价值计量

上式，GV——人力资本群体价值；

$v_t + m_t$——第 t 期的预计净产值；

n——时期数；

r——贴现率。

如果可以预测净产值的平均增长率，则上式可记作：

$$GV = \sum_{t=1}^{n} \frac{v_0(1+g_1)^t + M_0(1+g_2)^t}{(1+r)^t} \quad (3-12)$$

上式，v_0——必要劳动创造的价值；

M_0——剩余劳动创造的价值；

$v_0 + M_0$——基期的预期净产值；

g——净产值每期平均增长率。

随着科学技术的不断进步，V 的增长一般慢于 m 的增长，需用 g_1 和 g_2 进行调整。上式中 v_0 和 M_0 具体表示为工资和利润总额。因此，该方法计算出的人力资本价值是以组织全部剩余价值为计算基础的，是一种全部剩余价值法。但它不是完全根据客观记录数据计算的，一些数据的选择是根据主观估算或趋势推算的，不可避免地带有某些主观性。

3. 人力资本个人价值的货币性计量方法

有关个人价值的货币性计量方法主要有"未来工资报酬折现法"、"调整后的未来工资报酬折现法"、"随机报酬评价法"和"内部竞标法"四种。在这里只简单地介绍前两种。

（1）未来工资报酬折现法

未来工资报酬折现模型是美国学者巴鲁克·列夫和阿巴·舒尔茨于1971年在《会计评论》杂志上发表的，题为《论人力资源的经济概念在财务报表中的应用》的文章中提出的。他们认为,按照经济学中价值的概念,人力资本的价值是其未来收入的贴现总值,即将一个职工从录用起到因退休或死亡停止支付报酬为止预计支付的报酬,按一定的折现率折成现值,作为人力资本的价值。因此,一个职工的人力资本价值的计算公式可表述为:

$$V_n = \sum_{t=n}^{T} \frac{I_t}{(1+r)^{r-n}} \quad (3-13)$$

上式,V_n——一个 n 年龄职工的人力资本价值;

I_t——该职工第 t 年的预计处收入;

R——适用于该职工的收益折现率;

T——退休年龄。

式中的 I_t 可以根据按性别、工种、年龄的分组历史统计资料进行推测。例如,若物价水平不变或变动幅度不大,则一个 20 岁的技术员在未来每一年的收入,就可以分别用本年度年龄为 21 岁、22 岁、23 岁……的技术员的实际工资收入代替。若物价水平变动较大,则应按物价变动的水平调整计算。

不过,严格地说,上述公式计算出来的只是一个条件价值,它是以这个职工在达到退休年龄之前不死亡为条件的。为了克服这一局限,如果考虑这一情况,应按死亡概率,计算人力资本的期望价值,其公式为:

$$E(V_n) = \sum_{t=n}^{T} P_n(t+1) \times \sum_{i=n}^{t} \frac{I_i}{(1+r)^{r-n}} \quad (3-14)$$

上式中:$E(V_n)$——一个 n 年龄职工的人力资本的期望

价值;

$P_n(t)$——该职工在年龄 t 死亡的概率,可根据国家公布的人口统计资料推算。

上述价值模型考虑了在计算人力资本价值时职工为组织服务的年限,反映了组织利用人力资本的功能,可使人力资本得以有效分配。但它无论是理论上还是技术上都还存在一些缺陷:比如,未考虑企业收益之间的差别是由于人力资本的差别而造成的。因此,这一模型忽略了"效率系数"这一复杂因素对人力资本价值的影响。这种方法仅以职工工资作为计算人力资本价值的基础,不能全面反映职工所创造的价值,忽略了剩余价值的部分,实际上人力资本创造的价值应高于或不低于其工资。因此,企业经营效益的波动会影响职工未来工资报酬折现模型计算结果的准确性。

(2) 调整后的未来工资报酬折现法

1964年,美国的霍曼逊在美国密执根州立大学发表题为《人力资源会计》的论文,提出调整后的未来工资报酬折现模型以计算人力资本价值。他主张以效率因素作为未来工资报酬的调整值,计算组织职工的人力资本价值,并将他的公式称为"调整后的未来工资报酬折现模式"。根据企业之间盈利水平的差异主要是由于人力资本素质的不同所造成的这一理论依据,将职工的未来工资报酬的现值乘以一个效率系数,用该系数计算给定企业人力资源的相关效率。霍曼逊认为从理论上讲,效率系数取决于在给定期间内以某企业盈利水平与本行业平均盈利水平相比计算出的投资报酬率。因为一个企业

收益的差别取决于人力资本。因此他认为计量人力资本价值的方法应根据效率系数调整后的工资报酬计量。其具体步骤可概括如下:

第一步,在使用效率系数调整未来工资报酬之前,计算预期未来 5 年报酬的现值总额 W:

$$W = \sum \frac{W_t}{(1+i)^t} \tag{3-15}$$

上式,i——贴现率;W_t——第 t 年的工资收入。

第二步,计算效率系数 F。霍曼逊认为该效率系数应根据过去 5 年内企业投资报酬率与同行业投资报酬率之比的反序年数加权平均值计算。其计算公式为:

$$F = \frac{5 \times \frac{RF_0}{RE_0} + 4 \times \frac{RF_1}{RE_1} + 3 \times \frac{RF_2}{RE_2} + 2 \times \frac{RF_3}{RE_3} + 1 \times \frac{RF_4}{RE_4}}{15}$$

$$\tag{3-16}$$

上式:F——效率系数;

RE_0——现实年度全行业企业资产的收益率;

RF_0——现实年度某企业资产的收益率;……;

RE_4——现实年度前推第 4 年全行业企业资产收益率;

RF_4——现实年度前推第 4 年度某企业资产收益率。

采用反序加权的目的在于用更多年的综合业绩来评价企业人力资本的价值,更加强调当前年度的业绩,因此当前年度的权数最大,为权数 5,往前推 4 年收益的权数为 1,使越靠前计算期的投资报酬率之比对效率系数有越大的影响。

第三步,计算该效率系数调整后的未来工资报酬的折现

总额,即人力资本价值 V:

$$V = W \cdot F$$

霍曼逊提出计算人力资本价值的模型,以说明如何应用工资报酬计算人力资本价值的近似值。该模型以工资为基础进行人力资本价值计量是比较公平合理的。

4. 人力资本价值的非货币性计量方法

人力资本价值的计量方法除了货币性计量方法外,还应有非货币性的计量方法。非货币性计量方法就是通过编制人员实际工作业绩评价表,人员发展潜能的可塑性评估表,评价实施人才激励机制带来的效果,判断人才流动率。从个人生产能力、晋升能力和调整工作能力等方面来评定个人价值;从管理方式、组织结构、协作气氛、制度等管理行为来评定群体价值。因此,一些决定人力资本价值的特殊因素不能完全用货币表现出来,此时使用非货币计量方法来计算、分析和说明人力资本价值具有更重要的意义。比如人的行为和习性、人的潜能和适应能力、组织管理形式、群体的配合习惯和工作气氛等诸多非经济因素不是货币指标所能揭示的。而且人力资本价值的非货币性分析对组织人力资源管理工作也具有十分重要的意义。例如在制定不需要计量人力资本价值的一些决策时,如做出临时的、个别的裁员决策时或者是根据个人的条件价值评价不同职工级别时,都需要使用非货币的人力资本价值计量方法。另一方面,有些人力资本价值的非货币性计量方法所提供的数据是货币性计量的基础数据,如人力资源的离职概率等数据。

通过对人力资本计量具体模式与方法的系统分析与评价,可以看出,国内外学者对人力资本计量的研究,在宏观层面,以经济学为代表,比较突出地体现了人力资本特性;而在微观层面上,从会计学角度对人力资本的计量,更多地借鉴了人力资本计量模式和方法,使得人力资本与人力资源在计量过程中的界限不很明显,甚至尚未明确的以"人力资本"为对象的计量方法。

对人力资本计量模式和方法的研究,主要偏重于从理论角度提出计量的指导思路,而对于其在实践活动中的操作性还有待加强,尤其表现在不能将计量方法与人力资本的投资、配置、绩效评估、激励约束机制的建立健全,组织监督职能的发挥,企业剩余控制权与剩余索取权在人力资本所有者和物质所有者之间的合理分配等人力资本的关键问题有效结合,使得对人力资本计量的研究针对性不强,难以体现其在实践应用过程中的可行性和有效性。由此可见,从人力资本定价角度重新审视人力资本的计量问题,为人力资本的计量提供了更为明确的研究视角、更为广阔的研究空间;与此同时,人力资本计量模式与方法的改进和完善,有助于推动人力资本价值实现相关研究问题的创新与突破。

第四章

公共部门人力资本价值实现的必要性和可行性

在对公共部门人力资本价值实现分析之前,有必要对公共部门人力资本实现的必要性和可行性进行分析。公共部门人力资本价值实现的必要性在研究意义中已经进行了阐述,本章主要从有利于促进服务型公共部门的建立;有利于公共部门人力资本投资,提高公共部门人力资本存量;有利于完善公共部门激励机制;有利于促进公共部门收入分配制度改革等四个方面进行分析。公共部门人力资本价值实现的可行性主要体现在以下四个方面:社会主义市场经济体制的基本确立使人力资本参与收入分配成为可能;随着价值创造与收入分配理论研究的深入,人们充分认识到人力资本的价值;企业人力资本参与收入分配以及国外公共部门人力资本价值实现的实践为我国公共部门人力资本价值实现提供了借鉴经验;科学的人力资本价值评估使人力资本价值实现成为可能。

第一节　公共部门人力资本价值实现的必要性

一、有利于服务型公共部门的建立

完善公共管理与服务,是我国社会经济发展新阶段和市场经济深入推进的迫切要求。随着社会主义市场经济体制的基本确立并不断完善,传统的公共部门管理模式已不能适应社会经济发展的需要,包括政府部门在内的公共部门职能亟须转变,即由生产建设型公共部门向公共服务型公共部门转变。而其中,公共部门人事职能转变的两个调整①则是重中之重。

因此,如何合理地界定人力资本因素在公共部门转变中的作用与影响,如何更好地发挥公共部门人力资本主体的能动性,则是职能转变成败的关键。公共部门人力资本价值的实现,意味着公共部门在其人力资本贡献的界定上、人力资本作用发挥上得到了很好的区分,并根据各自的贡献和作用进行合理激励。这样有利于从一定程度上激发人力资本个体参与公共性活动的积极性,通过内部价值实现而达到外部公共服务职能的实现。

---

① 公共部门人事职能转变的两个调整是指把适应计划经济的人事管理体制调整到与社会主义市场经济相适应的人事管理体制上来,把传统的干部人事管理方式调整到整体性人才资源开发上来。

第四章　公共部门人力资本价值实现的必要性和可行性

二、有利于人力资本的投资，提高我国公共部门人力资本存量水平

英国著名教育经济学家马克·布劳格曾对人力资本理论核心做过这样的概括："人是有前瞻性的，他做出的使用自己资源（资源和时间）的决定，不是为了今天的享用，而是为了将来金钱或非金钱的收益。"[①]这说明，人们进入公共部门之前，在决策是否进行某项人力资本投资时，是由这些投资的边际收益等于边际成本的均衡点决定的。如果边际收益小于边际成本时，人们往往不愿意进行投资。因此，如果公共部门人力资本得不到合理的回报，或者缺乏有效的价值实现方式与途径，使公共部门人力资源人力资本投资给自己应带来的收益小于投资成本，甚至得不到收益，这势必影响到公共部门人力资源进行自身投资的积极性。近年来，公共部门人员个体人力资本投资积极性不仅弱于私人部门，而且投资的积极性也在持续下降，这与公共部门人力资本的收益率低存在着直接关系。因此，公共部门人力资本价值的实现，有利于提高公共部门进行人力资本的积极性，进而有利于公共部门人力资本存量的提高。

---

① 曾满超.西方教育经济学流派[M].北京:北京师范大学出版社,1990:179.

三、有利于完善公共部门激励机制,最大限度激发公共部门人力资本工作积极性和创造性,服务于公共部门发展及公共部门目标的实现

人本主义心理学家马斯洛认为,人生就是渴望满足一系列的需求。他将人的需求划分为五个不同的层次,分别是:生理的需求、安全的需求、社会的需求、尊重的需求和自我实现的需求①。心理学研究表明,引起人的积极性行为从其产生的心理机制来看,由需求——→动机——→行为——→目标等一系列阶段组成。由此可见,需求是人的积极性行为和创造性活动的基础和源泉。公共部门的一系列社会活动最终是由人去实施和管理的,因此,公共部门的管理关键是对人的管理,即充分调动人的积极性。而调动人的积极性,重在激发公共部门人力资本内在的工作动机。

公共部门在当前经济社会发展中处于十分重要的地位,公共部门发展的好坏以及公共服务提供的优劣对经济社会可持续发展具有十分重要的作用。而这其中,最核心的是公共部门人力资本个体积极性的发挥和创造性的激发。通过对公共部门人力资本价值实现条件和机制的研究,有针对性地建立合理的价值实现机制,有利于建立和完善适合我国公共部门人力资本的激励机制。同时,良好的激励机制也是人力资

---

① 芮明杰.管理学——现代的观点[M].上海:上海人民出版社,1999:43.

第四章　公共部门人力资本价值实现的必要性和可行性

本价值实现的"催化剂",能反过来促使人力资本创造出比自身价值更大的价值,即实现人力资本价值的增值。当今世界各国经济社会发展的实践印证,经济社会的良性有序发展有赖于公共部门职能目标的实现,而公共部门职能目标的实现又有赖于良好的公共部门激励制度的建设。因此,公共部门人力资本价值的实现与否直接影响着公共部门人力资本个体发挥主观能动性的程度。

四、有利于促进公共部门收入分配制度改革,制订适合公共部门人力资本特点的收入分配制度

包括政府部门、事业单位及国有企业部门在内的公共部门人事分配制度改革是当前公共部门管理体制改革的重点和难点,公共部门收入分配改革又是难点中的难点。公共部门收入分配改革的涉及面广,问题复杂且敏感,它不仅关系到人力资本个体的切身利益,而且关系到公共部门职能和目标的实现。改革开放以来,经过 40 年的艰辛探索,我国已基本上完成了从社会主义计划经济向社会主义市场经济过渡,社会主义市场经济制度已基本建立,市场在资源配置(包括人力资本的配置)中所起决定性作用已经确立并逐渐为绝大多数人所接受。市场经济作为一种经济运行机制和资源配置机制的同时,也隐含着利益分配与机制调节。随着收入分配制度改革的逐步深入,人力资本作为生产要素逐渐被纳入要素分配的范围。人力资本作为生产要素参与分配的问题在理论界已经得到了充分论证,从著名的古典经济学家亚当·斯密到现

代经济学家舒尔茨、贝克尔、罗默、卢卡斯及国内的一些学者如方竹兰、周其仁等都有较为深刻的论述。

党的十七大报告提出"合理的收入分配制度是社会公平的重要体现。要坚持和完善按劳分配为主体、多种分配方式并存的分配制度,健全劳动、资本、技术、管理等生产要素按贡献参与分配的制度,初次分配和再分配都要处理好效率和公平的关系,再分配更加注重公平"[1]。十九大报告系统地论述了收入分配原则,即"坚持按劳分配原则,完善按要素分配的体制机制,促进收入分配更合理、更有序。鼓励勤劳守法致富,扩大中等收入群体,增加低收入者收入,调节过高收入,取缔非法收入。坚持在经济增长的同时实现居民收入同步增长、在劳动生产率提高的同时实现劳动报酬同步提高。拓宽居民劳动收入和财产性收入渠道。履行好政府再分配调节职能,加快推进基本公共服务均等化,缩小收入分配差距"[2]。因此,在政策层面上,劳动、技术、管理等以人力资本为载体的生产要素参与分配的原则已经确立。目前最为关键的一个环节是在实践中怎么更好地实现劳动、技术、管理等作为生产要素参与到收入分配之中以及如何规范人力资本参与收入分配的问题。这一点在我国目前的企业生产实践中已得到体现,但就我国公共部门的现阶段情况来看,关于公共部门收入分配

---

[1] 《中国共产党第十七次人民代表大会报告》,中华网,2007-11-15.

[2] 《中国共产党第十九次人民代表大会报告》,中华网,2017-11-20.

第四章 公共部门人力资本价值实现的必要性和可行性

的相关理论研究还不能较好地适应分配制度改革的实践需要。

与外部相比，公共部门的薪酬水平不仅不具有竞争性，而且其内部公平程度和员工个人公平感也较低，这对其内部人力资本能动性的发挥来说将是一个障碍，不利于公共部门的发展及职能目标的实现。因此，对于公共部门来说，坚持"人才优先"战略是一个必然选择，其核心就是要求公共部门以科学的人才观为指导，将人力资本作为公共部门职能目标实现及其发展的第一资源，坚持"人本管理"的理念。而薪酬管理是公共部门人力资源管理的重要内容，加强公共部门薪酬设计、建立科学合理的薪酬体系对于公共部门吸引高层次专门人才、稳定人才、使用人才、激励人才和发挥薪酬在人力资本优化配置和人才队伍建设等诸多方面起着关键性的作用。因此，建立基于公共部门人力资本价值实现的薪酬制度，能更好地体现公共部门人力资本个体社会经济活动的特点和人力资本特性。

第二节 公共部门人力资本价值实现的可行性

一、社会主义市场经济体制的基本建立并逐步完善使人力资本参与收入分配成为可能

经过建国之后近三十年社会主义实践的探索，我国于1978年开始社会主义计划经济转型的艰辛历程。并以1992

年党的十四大胜利召开为标志,开始了建立社会主义市场经济体制的自觉实践。经过了四十年的改革开放实践,传统的计划经济体制已被打破,新型的社会主义市场经济体制已基本确立、不断发展,并不断得以完善。在所有制结构上,建立起以公有制经济为主体、多种所有制经济共同发展的社会主义基本经济制度;由此决定了在分配制度上坚持按劳分配为主体、多种分配方式并存的分配制度,并把按劳动分配和按生产要素分配结合起来[①]。价格机制、供求机制和竞争机制已经形成并发挥功能,市场在资源配置中的基础作用开始突现,一个统一、开放、竞争、有序的市场体系初步形成[②]。资本、土地、劳动以及人力资本等要素的市场化程度明显增强并成为一种不可逆转的趋势。所有这些,都为人力资本通过市场作用参与收入分配提供了制度基础,并进一步为实现公共部门人力资本价值提供了可能。

二、随着价值创造与收入分配理论研究的深入,人们充分认识到人力资本的价值

人力资本从质上可以分为两个部分,一是初级人力资本,即指物化了的无差别的人类劳动,是不需要特别训练、学习或培训而可以自然获取的一种经验、常识或体力等;二是专业或

---

① 吴树青.政治经济学[M].北京:高等教育出版社,2003:296~303.

② 王志丰.我国高校教师人力资本价值实现研究[D].厦门大学硕士学位论文,2004:21.

第四章　公共部门人力资本价值实现的必要性和可行性

高级人力资本,是生产的重要因素,在社会活动中具有关键性的作用,是经过特殊或专业学习、培训以及历练而获取的专门的技能、知识、能力及潜能等。长期以来,由于历史及制度原因,我国在相当长时间内对人力资本的认识仅限于"劳动"单纯方面,以初级的人力资本代替一切,从而出现"搞原子弹不如卖茶叶蛋"脑体倒挂的特殊历史。随着市场经济体制的确立并逐步完善,市场在资源配置中越来越起决定性作用,人们对价值创造和收入分配的研究逐渐深入。尤其是自舒尔茨、贝克尔等一批新经济时代的经济学家提出人力资本理论并深入研究其形成及作用以来,特别是后继研究者有效地揭示了内生型的以人力资本积累为核心的经济增长、成功地设计了以企业家为主体的股票期权激励制度,从而人们开始重视人力资本,开始构筑全新的、积极的人力资本与物质资本所有权关系。

随着对人力资本内涵及作用认识的不断深化和我国经济社会转型的加快,尤其是随着知识经济时代的到来。人们开始逐渐认识到,人力资本已经成为经济社会发展的原动力和核心要素,也是一个组织顺利发展的关键要素之所在。因此必须重视人力资本的累积作用,重视人力资本的投资与利用,重视和加大对人力资本的开发和运用。在这种理念的支持下,人力资本成为生产要素中的重要因子,与资本、土地、机器、原料等要素一起共同创造价值,并参与对经济社会和组织发展带来的收益进行分配的活动之中。

三、企业人力资本参与收入分配以及国外公共部门人力资本价值实现的实践为我国公共部门人力资本价值实现提供了经验借鉴[①]

随着对人力资本作用认识的逐渐深化,人力资本的重要性越来越为人们所重视,无论国外公共部门、私人部门,还是我国的企业界都已经开始人力资本或参与收入分配或参与部门发展等的实践,在我国公共部门也日益突显人力资本在社会转型发展中的作用。在西方资本主义发达国家,由于其私有制经济的社会性质,公共部门在某种程度上带有强烈的私有化特征,其内部的人力资本个体参与公共部门活动是通过市场竞争、所有权界定等条件下进行的,不存在人力资本产权界定不清的情况,与私人部门一样,参与组织发展并通过组织发展分享发展带来的收益。因此,无论是公共部门还是私人部门,其人力资本价值主要通过以下形式来实现,如:提高人力资本使用权的价格或提高所有权的收益、注重人力资本的内在竞争激励、建立稳定的人力资本增值机制、完善多维度的人力资本回报结构、提高人力资本参与收入分配的谈判能力、薪酬制度体现人力资本存量等。

对于我国企业人力资本参与收入分配的理论研究,早在20世纪90年代就有学者涉及,如周其仁认为,人力资本具

---

① 王志丰.我国高校教师人力资本价值实现研究[D].厦门大学硕士学位论文,2004:22.

第四章 公共部门人力资本价值实现的必要性和可行性

有独一无二的所有权,它天然归属于人,它的所有权限于体现它的人[①];方竹兰认为,非人力资本在现代经济中容易退出企业,由于人力资本的专用性和团队化使其成为企业的真正风险承担者,因而"劳动雇佣资本"[②]等。这些理论研究为企业人力资本实践提供了理论借鉴。企业是人力资本与物质资本的集合体,企业人力资本参与收益分配是人力资本与物质资本博弈的结果。我国企业人力资本价值实现的形式主要是,人力资本所有者被雇佣后所获得的报酬,包括基本工资、奖金、一般的福利等工资性收益和利润分享计划、红利等分享利润性收益,尤其表现在企业员工年薪制、股票期权和员工持股计划等。

因此,国外和我国企业人力资本价值实现的实践,为我国公共部门人力资本价值实现提供了难得的经验借鉴,如我国公共部门可以借鉴国外人力资本价值实现的几种形式,也可以借鉴我国企业正在应用的工资性收益形式和利润性收益形式。当然,由于我国公共部门性质及职能目标的特殊性,在借鉴国外以及我国企业人力资本价值实现经验的同时,要基于部门性质的具体情况合理借鉴,不能完全照搬借用。

---

① 周其仁.市场里的企业:一个人力资本与非人力资本的特别合约[J].经济研究,1996(6):77~79.
② 方竹兰.人力资本所有者拥有企业所有权是一种趋势[J].经济研究,1997(6):36~40.

四、科学的人力资本价值评估使人力资本价值实现成为可能

人力资本作为一种资本要素,虽然对于公共部门来说具有公共性,但对公共部门人力资本个体来说却具有私人性。因此,在涉及人力资本参与收入分配或利益分享,实现其价值时,不可避免地要涉及对其人力资本价值进行科学评估的问题。我国现阶段对人力资本价值评估的研究使对人力资本价值评估的实践成为可能。在本书第二章第三节中对公共部门人力资本价值评估的研究,使公共部门人力资源个体在体现其个人价值时可以有评估依据,为公共部门人力资本价值的实现奠定了前期理论基础,使公共部门人力资本价值实现成为可能。

第五章

我国公共部门人力资本价值实现现状及阻碍因素

无论是初级人力资本还是高级人力资本,无论是在私人部门还是在公共部门,如果只有人力资本存在,而没有人力资本效能的发挥,人力资本的价值也就失去其存在的意义,更谈不上人力资本价值的实现问题。因此人力资本价值的实现不仅取决于是什么样的人力资本,更取决于人力资本效能的发挥程度。本章在对我国公共部门人力资本价值实现的现实状态进行阐述的基础上,对我国公共部门人力资本价值实现存在的问题进行了深入剖析,进而对我国公共部门人力资本价值实现的阻碍因素进行了分析。

第一节 公共部门人力资本价值实现的现实状态

一、公共部门人力资本价值实现的客观性

只要市场在资源配置中发挥基础性作用,人力资本作为一种要素,就会在经济社会活动中发挥作用。现在,用函数分析来说明公共部门人力资本价值实现的客观必然性。

首先作以下假设:假设① 社会上存在公共和私人两个部门,人力资本作为一种生产要素在两部门生产或服务活动中进行分配;假设② 市场是完全竞争的,市场中的人假设是理性的人;假设③ 人力资本是同质的,只有量的区别,而无质的不同。

我们可以把参与经济活动的人力资本分为:参与私人部门活动的人力资本(C_1)和参与公共部门活动的人力资本(C_2)。参与私人部门活动的人力资本获得的收益函数表示为:$R_p = f(c_1)$;参与公共部门活动的人力资本获得的收益函数表示为:$R_g = f(c_2)$。由于人力资本是同质的,市场是完全竞争的,所以,当 $c_1 = c_2$ 时,$R_g = R_p$。即同样的人力资本,无论是其参与私人部门活动还是参与公共部门活动,其所获得的收益都应该是相等的。这是因为,人是理性人,假设参与私人部门活动所获得的收益大于参与公共部门活动所获得的收益,由于人是自私的,都追求收益的最大化,在完全竞争的市

场下,必然由公共部门转到私人部门。对私人部门供给的人力资本就会增多,公共部门供给就会减少,于是私人部门人力资本的价格就会下降,公共部门人力资本的价格就会上升,直到两者相等为止。S_g 表示参与公共部门人力资本的供给曲线,S_p 表示参与私人部门人力资本的供给曲线,如图 5-1 所示。

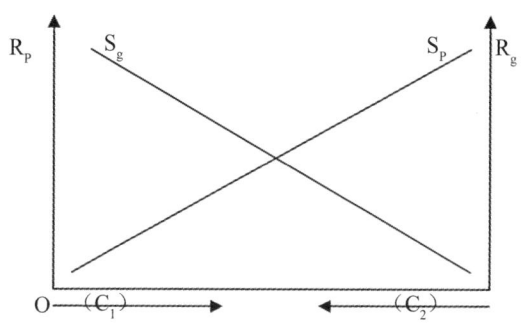

图 5-1　公共部门与私人部门人力资本收益及供给比较示意图

说明:C_1 表示参与私人部门活动的人力资本;C_2 表示参与公共部门活动的人力资本

以上分析说明,在完全竞争市场下,市场对资源配置起基础性的作用,当参与公共部门的人力资本价值不能得到实现时,其人力资本必然向私人部门流动,造成公共部门竞争力的削减。因此,公共部门人力资本价值的实现问题是一个客观性的问题,带有必然性。

二、"精英淘汰与择劣机制"限制了公共部门人力资本价值的实现

公共部门的发展和公共服务的提供,离不开高素质的人

力资本,高素质人力资本能力的发挥需要有其发展空间。在目前我国公共部门中存在着这样一些现象,一些人力资本个体常出现"公共部门一条虫,私人部门一条龙"的情况,他们一从公共部门到私人部门发展,往往很快发展成为行业骨干,而这些人在公共部门却不得志,最终造成优秀人力资本外流。这是因为公共部门在某种程度上存在一种无形的"精英淘汰与择劣机制",公共部门领域中那些最富有独立思考精神,最富有主动性与创造性的人力资本个体往往容易受到摧残和打击,很多被扼杀在萌芽状态。究其原因,以重人伦为核心的儒家文化正是这种精英淘汰现象的文化根源,这种文化向人们灌输的是群体化和等级化的生活准则,鼓励人们形成崇尚道德、唯上是从、迷信权威、湮灭自我的心态和行为习惯,也扼杀了个人对于传统或权威的怀疑、反叛与超越意识,人格的独立与个性的鲜活也受到了极大的约束[1]。

三、公共部门人力资本价值实现程度的实证分析

为了对公共部门人力资本价值实现状态有一个可靠的把握和了解,笔者曾于2007年7月和2007年8月分别在河南省郑州市直属机关和青海海西州各局机关针对公共部门人力资本价值实现情况进行访谈。以公务员工资对其人力资本个体价值的反映及激励情况为例,窥一斑而知全貌,来反映公共

---

[1] 徐春光,乔晓雯.转型期我国公共部门人力资源开发的现实困境与出路[J].科学与管理,2007(6):79~80.

第五章 我国公共部门人力资本价值实现现状及阻碍因素

部门人力资本价值实现的状况。

问题一:您对现行公务员工资制度的评价如何?

根据笔者针对郑州市四个直属机关(郑州市发改委、郑州市人事局、郑州市人口与计划生育委员会及郑州市郑东新区管理委员会)和青海省海西州各局的调研情况,共进行28人次的访谈①。回答"好或较好"的比例为16.3%,回答"较差或差"的比例为19.5%,中性评价的则占64.2%。由此可知,现行公务员制度大体上发挥了应有的作用,反映了公务员人力资本价值状况,但仍存在着一些制度性的问题,影响着公务员人力资本价值的发挥。

问题二:您认为现行的工资制度能否及时有效地与经济发展水平及物价相适应?

回答不能的比例为68.3%,另外还有5.6%的人认为"根本不能",远远高出回答"能"与"有时能"的人数。因此,我们在总体肯定现有公务员工资制度的同时,也必须看到,公务员的工资制度与市场联系有很大的脱节,不能紧跟市场进行相应的调节,已经不能适应社会经济发展的弹性需求,局部的针对性改革亟待进行。这在一定程度上对公共部门人力资本价值的发挥产生很大的抑制作用。

问题三:您认为现行的职级间的工资级差和工资水平是否起到了调动积极性的作用?

---

① 以下所有访谈都是依据针对郑州这四个直属机关和青海省海西州各局的调研,均为28人次的访谈范围。

被调查的28人中有17人认为现行的公务员工资级差和工资水平调动其工作积极性的作用很小,占了绝大多数;另有8人不置可否,3人认为在一定程度上起到了调动积极性的作用。

市场经济国家的公务员基本工资垂直压缩率(不同职务公务员工资最高最低比)和水平压缩率(相同职务公务员工资最高最低比)一般分别在10和1.2以上,而我国仅为5.6和1①,现行的纵向工资差距过小,难以体现不同职务所要求的人力资本、责任及能力经验大小的差别。同时,由于纵向工资差距过小,工资制度的激励机制基本上没怎么发挥作用。纵观自1999年以来公务员的四次加薪,凡同等级别的公务员不论政绩、工龄等因素,均可获得同等加薪,且各级别的增资差距很小,这种实际上的"平均主义",大大弱化了加薪对公共部门人力资本激励的作用。忽视集体中的个体人力资本的异质性,将导致平庸的公共部门人力资本"搭便车"②,这对公共部门高素质人力资本而言,就将产生"相对剥夺感",无疑是挫伤性的负激励。从而抑制其创造性的发挥和人力资本价值的实现。

---

① 龚平.深化公务员工资制度改革的政策建议[J].中国财政,2001(11):34.

② 李宝元.论人力资源管理中的制度激励[J].学习与探索,2004(1):61.

第五章 我国公共部门人力资本价值实现现状及阻碍因素

第二节 公共部门人力资本价值实现中存在的问题

一、人力资本产权关系模糊

产权,按制度经济学的解释是指人对物品的所有及其派生出的使用、占有及收益的关系,它反映的是人与人之间在经济交往中收益或受损的权利①。人力资本产权是市场交易过程中人力资本所有权及派生的使用权、支配权和收益权等一系列权利的总称,是制约人们行使这些权利的规则②。公共部门人力资本产权是公共部门人力资本的产权主体,对产权客体在市场交易过程中的使用权、支配权、收益权等一系列权利分配、占有及享受收益等社会经济关系的总称。

与私人部门人力资本产权相比,公共部门人力资本由于其使用权、收益权在一定程度上被公共部门所垄断,人力资本个体和公共部门整体的权、责、利关系不对称,同时公共部门人力资本具有强烈的外部性,从而形成公共部门人力资本产

---

① 李和中.公共部门人力资本产权的性质及其动作[J].武汉大学学报(哲学社会科学版),2005,58(5):681.

② 熊飞飚.人力资本产权特征与国有企业所有权的转变[J].云南财经大学学报,2003,17(4):63.

权边界不清、产权关系模糊①。由于这种模糊性,公共部门在使用和处置人力资本时,依照物质资本的逻辑和公有制的逻辑来使用和处置其所属人力资本,完全不顾人力资本个体的偏好和价值取向,不懂得或忽视人力资本产权的特殊性,从而导致公共部门与其人力资本个体之间权责利关系界定不清、混沌,相互之间侵权严重,公共部门人力资本价值实现受到侵蚀。

二、薪酬分配制度对人力资本价值实现的激励性不强

由于社会意识形态、观念及当前就业形势等影响,在吸聚初始人才方面,我国公共部门具有相当的吸引力,每年火爆的公务员考试就是例证。然而与之相对应的是,大量优秀的人力资本拥有者,却在现实工作中出现纷纷跳槽现象,离开了初始追求的公共部门,到私营或外资企业等部门发挥自身价值。究其原因,其中最关键的原因是公共部门的激励机制不足所造成的。

根据薪酬激励理论,一个具有强激励意义的薪酬需要使员工具有公平感,即员工所获得的奖励和他所做出的贡献之比与某一衡量标准成正比。这种公平感需要同时满足三个条件,即外部公平、内部公平和员工个人公平。所谓外部公平,即本组织薪酬水平同其他组织的薪酬水平相比较时具有竞争力;所谓内部公平也就是薪酬政策的内部一致性,它强调的是

---

① 崔建华.论我国人力资本产权制度缺陷、影响及其制度创新思路[J].经济评论,2007(1):37~38.

第五章　我国公共部门人力资本价值实现现状及阻碍因素

在一个组织内部不同的工作之间、不同的技能水平之间的报酬水平应该相互协调;所谓员工个人公平是指在对同一个组织中从事相同工作的员工薪酬进行相互比较时公平性是否成立,员工个人之间的公平性要求组织中每个员工得到的薪酬与他们各自对组织的贡献相互匹配①。

在现行的公共部门收入分配制度中,平均主义收入分配方式并没有彻底破除,收入分配制度也没有能充分地体现个体人力资本价值及其对组织的贡献。这不仅没有满足组织的内部公平,更没有满足员工个人公平这一原理。也就相应地否定了人力资本所有者——公共部门人力资本个体对公共组织发展所做的贡献,进一步抑制了公共部门人力资本个体发挥其人力资本价值的积极性。这也就在一定程度上导致了优秀人力资本的流失。

三、人力资本配置不合理

在笔者针对公共部门人力资本价值实现状况的访谈提纲中,就公共部门人力资本配置情况,设计了三个访谈问题,进行了 28 人的访谈,访谈问题及结果分析如下:

问题一:您的专业与工作实践的对口情况?

根据笔者针对郑州市四个直属机关(郑州市发改委、郑州市人事局、郑州市人口与计划生育委员会及郑州市郑东新区

---

① 张一弛.人力资源管理教程[M].北京:北京大学出版社,1999:199～202.

管理委员会)和青海省海西州各局的调研情况,共进行28人次的访谈,回答对口的4人,回答基本对口的5人,回答基本不对口的10人,回答完全不对口的9人。回答对口、基本对口的共9人,占总访谈人数的32%,回答基本不对口、完全不对口的19人,占总访谈人数的68%。由此可知,在公共部门中,人力资本配置很不合理,这在一定程度上造成了公共部门人力资本的闲置,影响了公共部门人力资本价值的实现。

问题二:在专业不对口的情况下,实际工作中遇到的最大问题是什么?

在回答基本不对口和完全不对口的19人中,有14人认为遇到的最大问题是需要专门的学习以适应新的岗位及对专业的需求。因此,我们可以看到,由于人力资本配置的不合理,一部分人力资本个体必须重新进行人力资本投资,以适应不同工作的需要,从而造成人力资本的极大浪费和重置。

问题三:请你从定性的角度描述一下在弥补专业知识不足方面,你花费的时间、金钱和精力如何?请选择需要花费很多、比较多、不太多。

在回答基本不对口和完全不对口的19人中,选择花费很多的8人,比较多的9人,不太多的2人,分别占42%、47%、11%。这说明,在获取全新的适应工作需要的人力资本时,相当多的人必须花费很大的精力,这在一定程度上造成原有人力资本的贬值和荒费。

总之,以上访谈可知,当前我国公共部门人力资本配置很不合理,这在很大程度上影响了公共部门人力资本的对口发挥及造成人力资本的浪费和重置成本的加大。

四、人力资本价值损耗性补偿不足

广义的人力资本损耗包括人力资本流失、人力资本浪费、人力资本贬值。狭义的人力资本损耗仅指人力资本价值贬值。人力资本价值理论认为,人力资本依存于人力资本存量之中,存量会随着时间折旧,并且折旧率在达到一定的年龄之后会随着年龄的增加会逐渐提高,当折旧量大于净投资量时,人力资本存量贬值①。而人力资本价值的贬值又可分为可逆转性贬值和不可逆转性贬值②。因此,当人力资本个体达到一定年龄后,由于不可逆转的原因,其健康、精力、体力等开始走向衰退,人力资本具有依附性,其价值必须受其载体的影响,呈现出逐渐贬值的规律。同时,公共部门人力资本配置存在着不合理的因素,其原有的人力资本存量由于没有得到实践加强和积累,内在人力资本的更新如若不能跟上知识更新换代的步伐,也会出现人力资本价值贬值的情况,而公共部门人力资本的流动性不足更进一步加大了人力资本价值贬值的可能性。这些人力资本价值贬值情况的发生,需要其载体加大对人力资本的投资及更新投入,以保证新的人力资本投入量大于或至少等于人力资本折旧量,从而保证人力资本保值

---

① 张亚莉,张乃定.论企业人力资本贬值风险[J].科研管理,2000(4):86～90.

② 张杰,马斌.论人力资本贬值的方式、成因及防范[J].岭南学刊,2005(2):81～82.

增值。然而公共部门薪酬方案中并没有针对其人力资本价值损耗的补偿性措施,相关制度中也没有针对防止或削减人力资本损耗的保证,从而使公共部门人力资本价值贬值情况不能得到很好的抑制,进一步抑制公共部门人力资本价值的发挥和实现程度。

五、人力资本价值增值机制不健全

人力资本在参与公共部门社会性活动过程中,与面临的人力资本价值损耗相对,存在着人力资本价值增值的问题。一般情况下,人力资本在随着实践的加深和知识、技能的积累,其载体的经验、资历、技能等会得到一定程度的提升,但这种提升是在一定的条件之下实现的。这些条件包括以下几个:其一是,组织有一套完整的"职业生涯规划"机制,使员工在工作中依据职业规划配置和使用自身人力资本;其二是,组织能合理配置组织内的人力资本,提升人力资本的发挥空间,进而在实践中得到积累和充实;其三是,有一套合理的量身定做的培训机制,能够结合组织工作的实践和人力资本个体的自身情况,合理确定培训内容,以增加组织人力资本的存量和价值;其四是,在组织内部要有合理的人力资本流动机制,扩大人力资本能量发挥的空间。此外,加大人力资本发挥作用的挑战性也可以很好地实现人力资本的价值增值。然而根据笔者在这方面的访谈情况来看,结果并不是很理想。公共部门在以上方面的机制并不健全,从而在一定程度上抑制了公共部门人力资本价值的增值程度。

第五章　我国公共部门人力资本价值实现现状及阻碍因素

笔者在针对公共部门人力资本价值增值的访谈提纲中，共设计了五个访谈问题，进行了28人的访谈，访谈问题及结果分析如下：

问题一：与您最初参加工作相比，你现在的能力在哪些方面得到提升，哪些方面有所下降？

结果①在所进行的28人的访谈中，有19人认为相关专业知识的存量有所下降，英语、计算机的能力下降，而处理问题的能力、经验等得到提升。

问题二：在您刚参加工作时，有无针对自身发展情况的"职业生涯规划"？

回答"有"的3人，回答"无"的25人，分别占11%和89%。可见，"职业生涯规划"的缺失，影响了公共部门人力资本投资的针对性和人力资本的合理配置。

问题三：在您工作过程中，针对您的培训有没有结合您自身的情况个别进行？

回答结合的9人，回答没有结合的19人，可见，培训的没有针对性，抑制了人力资本的增值。

问题四：您参加工作到现今，在同一部门的不同职位上，都流动几次？请选择：A. 一次也没有，B. 一次，C. 两次，D. 三次及以上。

回答一次也没有的9人，回答流动一次的13人，回答流动两次的4人，回答三次及以上的2人，可见，公共部门人力

---

① 结果根据访谈整理而得。

资本的流动不足,从而阻碍人力资本的拓展和能量的发挥。

问题五:目前的工作对您是否具有挑战性?

回答具有挑战性的15人,回答没有挑战性的13人。挑战性的缺失,影响了人力资本个体进行人力资本投资的外在压力,从而进一步影响了人力资本价值的增值力度。

第三节 公共部门人力资本价值实现的阻碍因素

一、按人力资本贡献参与分配的理念在公共部门尚未确立

从十六大以来,在收入分配领域提出要坚持和完善按劳分配为主体、多种分配方式并存的分配制度,健全劳动、资本、技术、管理等生产要素按贡献参与分配的制度。人力资本作为重要的生产要素之一参与到社会经济活动中的作用和按其贡献大小参与收入分配在政策上得到确立。在理论界,对于人力资本参与收入分配的研究也如火如荼,如方竹兰指出,人力资本参与收入分配是其利润分享权,市场价值分享权,管理效益分享权,人力资本产权的价值实现[1];周其仁认为,市场

---

[1] 方竹兰,杨高华.人力资本分享企业收益的原因与形式[J].中国人力资源开发,2001(12):11~12、16.

第五章 我国公共部门人力资本价值实现现状及阻碍因素

里的企业是一个人力资本与非人力资本的特别合约①。在实践中,人力资本参与收益分配的问题实际上是分配制度与激励制度的改革。由于现代企业制度的建立,企业作为一个独立的发展个体,其技术进步、管理作用的提升以及激烈的市场竞争,要求企业必然把人力资本作为企业最重要的一种资本,在收入分配中彰显其重要作用。

在社会主义市场经济的大环境下,市场对资源配置起基础性的调节作用,由于竞争和发展的需要,公共部门已经按照新时代人力资源开发与管理的要求,对公共部门的人事管理进行不同程度的改革,然而,由于长期受计划经济影响,传统的人事管理观念根深蒂固,与企业人力资源管理相比,公共部门仍然存在着观念不开放、产权不清晰、贡献难测算等制约因素。公共部门现有的分配制度仍然是按劳分配的主体分配形式,在补充的分配形式上也有体现人力资本的因子,但所占分量很小,很难真正起到对人力资本的激励作用。此外公共部门分配制度方面内含的按资排辈、资历重要等现象的存在,致使人力资本按贡献参与收入分配的理念很难在公共部门分配制度中确立,从而在观念上阻碍着公共部门人力资本价值的实现。

---

① 周其仁.市场里的企业:一个人力资本与非人力资本的特别合约[J].经济研究,1996(6):71.

二、制度性阻碍因素分析

(一) 人力资本生产制度

人力资本生产制度主要指国家、部门或个人通过一定的投资,形成知识、技能、经验等人力资本的制度,其核心是教育与培训制度。目前,随着我国经济规模的扩张、新技术的发展和产业结构的调整,社会对人力资本需求的数量、质量及结构在不断发生变化,这要求我国的教育培训制度也要进行相应的创新,以适应这种变化。但是,在我国传统的教育体制下,人力资本投资主要以政府投资为主。以教育投资为例,政府投资占到总投资的75%以上,在我国西部地区这个比例更高达85%。教育投资经费来源渠道的单一造成教育投资严重不足,导致我国的人力资本开发难以顺利进行。主要表现为各级教育经费相对缺乏,教育设施陈旧落后,制约了教育规模的扩大和教育质量的提高,限制了接受教育的人口数量,难以满足社会发展对人才的需要,不利于经济的持续稳定发展[①]。从微观角度看,由于人力资本的形成要依靠前期较多的投资,我国目前许多地区由于目光短浅,关注短期效益,将更多的资金投资于物质资本,而忽视人力资本的投资和人力资本的积累,制约了人力资本价值的实现。

---

① 郑伟,王月红.制约人力资本价值提升的制度因素分析[J].社科纵横,2004,19(6):

第五章　我国公共部门人力资本价值实现现状及阻碍因素

(二) 人力资本配置制度

在人力资本存量一定的前提下,合理、有效地配置已有的人力资本对于提升人力资本的价值,促进公共部门持续、健康发展,促进一国的经济发展与产业结构调整以及区域均衡发展等具有重要意义。"已有的研究成果表明,中国实施改革开放政策以来的经济增长,有16%～20%的份额来源于劳动力流动和劳动力重新配置所带来的生产率的提高。"[①]随着我国社会主义市场经济体制的建立和不断完善,人力资本配置方式也逐渐由计划配置向市场配置转化,人力资本市场配置制度作为一种在市场机制作用下平等竞争、自主选择、自由流动的制度,在一定程度上降低了人力资本选择的盲目性和不确定性,充分挖掘了人力资本所有者的潜能,提高了配置的效率。但是,目前我国的人力资本市场体系尚不健全,机制也未完善,人力资源市场地域分割、条块分割的现象非常严重,从而造成信息沟通不畅、人力资本流通不畅,极大地影响了市场配置的效率。尤其对于公共部门来说,由于体制性的原因,人力资本配置在某种程度上还带有计划配置的影子。此外,传统的户籍管理制度和档案制度也严重地阻碍着人力资本的正常流动,不利于人力资本的优化配置,在很大程度上抑制了人力资本价值的实现。

---

① 张建武,朱琪.宏观劳动力配置[M].北京:中国劳动社会保障出版社,2006:1.

(三) 激励制度

委托—代理理论认为,由于信息不对称,代理人拥有私人信息,以及工作业绩受多种不可控制因素的影响,不能证实代理人实际努力水平。因此,代理人可能采取消极怠工或损害委托人利益的行为,从而使自身效益最大化。基于此,委托人有必要利用包括了代理人私人信息的可观察结果,设计合理的激励方案,诱导代理人按照委托人要求工作①。美国哈佛大学管理学院詹姆斯教授对人力资本的能动性增长做了专题研究,结果表明,如果没有激励,一个人的能力只不过发挥20%~30%;如果得到激励,一个人的能力则可发挥到80%~90%②。公共部门的职业特点决定了公共部门人力资本个体的工作具有信息不对称性和不确定性。公共部门与其职员的关系类似于委托—代理关系,这就要求公共部门要设计一种合理的激励与约束方案来诱导公共部门人力资本个体按照公共部门的要求及部门发展的需要行事。公共部门的激励强度应与人才市场上人才的价格水平保持一定的对应关系,这样才能对所需人才具有吸引力,才能激励其内部人才发挥能动性。具有内部公平和外部竞争性的公共部门激励制度不仅能激发其职员的工作积极性,使其在各自的岗位上实现其价值,还能反作用于人才的价格水平,使公共部门人力资本个体的

---

① 段文斌等.制度经济学——制度主义与经济分析[M].天津:南开大学出版社,2003:261~268.
② 张雷.人力资本激励与约束的机制初探[J].黑龙江对外经贸,2004(4):23~24.

第五章　我国公共部门人力资本价值实现现状及阻碍因素

收入保持着较高水平。然而,与理论分析相反,现实中的公共部门相关制度如考核、激励不能体现其人力资本个体的贡献作用——不具备内部公平性;与外部相比,具备同样人力资本能量的个体,在企业获得的收益远远大于在公共部门获得的收益——也不具备外部竞争性。因此,根据委托—代理理论,这些制度因素的存在,很难激发公共部门人力资本个体充分发挥自身价值,也在某种程度上抑制了公共部门的良性发展。

三、环境性阻碍因素分析

(一) 缺乏完善的流动机制

与企业等私人部门相比,公共部门在阻碍人力资本价值实现的环境性障碍因素方面的表现之一是公共部门的流动机制不健全。我国公共部门目前对其内部人员的管理实行的是人事档案制度,人事档案作为公共部门人力资本个体的"身份",在公共部门人事管理中扮演着十分重要的角色。档案从一定程度上决定着公共部门人力资本个体身份的归属。也在一定程度上限制着公共部门人力资本个体流动实现的可能性。在另一方面,公共部门在大的环境下,归属一个统一的虚无法人实体——政府。因此,其与私人部门在归属上的一个最大的区别是,私人部门作为一个独立的经济实体参与到市场竞争中,而公共部门却不具备这样一个独立的实体。在人员流动方面,单个的人力资本个体离开某个公共部门,再自由流动到另一个公共部门的可能性就比较小。因此,与私人部门相比,公共部门的人员流动缺乏一个完善的流动机制。

（二）公共部门缺乏完善的人力资本市场

在社会主义市场经济体制下，人力资本的配置同任何其他资源的配置一样，应该充分发挥市场的作用。人力资本市场作为最重要的生产要素市场之一，在社会主义市场经济中具有十分重要的作用，是市场配置资源得以实行的重要保障。一个组织发展壮大可能性的大小，在外部环境上，最重要的因素之一就是，是否有一个完善的生产要素市场。

公共部门人力资本市场有两个基本内容，一是公共部门人力资本市场内部，人力资本个体可以在公共部门内部不同部门之间自由流动，形成完善的公共部门人力资本市场；二是公共部门人力资本市场与现有的人力资本市场之间自由的互动关系。然而，由于公共部门与政府之间特殊的关系，政府在更大程度上与公共部门是一种权力分配关系、是一种保护者与被保护者的关系，在这种关系中，公共部门丧失了其独立性，所雇职员的分配也是依靠政府指派的编制名额，统一招聘雇用，部门与部门之间的流动可能性非常小，很难形成内部的人力资本市场。同时，由于在编制之外，公共部门实行雇员聘用任期制不足，在与公共部门外部人力资本市场的联系方面，也具有明显的分割性。这些因素的存在，都决定公共部门缺乏一个市场经济条件下完善的人力资本市场。

四、公共部门人力资本价值评估及贡献测算阻碍因素分析

公共部门人力资本价值实现首先要解决的是公共部门人

第五章　我国公共部门人力资本价值实现现状及阻碍因素

力资本价值的评估问题及公共部门人力资本对部门贡献的测算方法。对于公共部门人力资本价值的评估问题，虽然在本书的第二章第三节有详细的评述，并建立了相对可行的人力资本价值评估模型。但对于公共部门人力资本价值的评估来说，在这个模型中，笔者的一大遗憾是，对于外生变量的界定问题。因为对内生变量的不同取舍及内生变量界定的不同，外生变量作用的程度就会不同，从而最终影响到公共部门人力资本价值评估的精确性。同时，本模型一个缺陷也是笔者无法解决的一个问题，对公共部门人力资本个体价值增值的评估问题。因为，公共部门人力资本价值增值更具有隐藏性，无法明确地界定哪些是增值部分，以及增值多少。同时，由于制度性因素，与私人部门相比，公共部门人力资本价值贡献的测算也是一大技术难题。因为，公共部门的人力资本产权具有模糊性，在对人力资本价值贡献的界定上，哪些是公共部门人力资本贡献的，贡献多少，在现有的技术条件下是很难测算的。这些技术方法的因素阻碍着公共部门人力资本价值的计量精确性及贡献测算度，处理不好，很容易影响人力资本个体的积极性及能动性的发挥。进一步影响着公共部门人力资本价值的实现程度。

第六章

公共部门人力资本价值实现路径探索

　　公共部门人力资本价值实现是一个系统工程,不仅意味着个体人力资本价值的增值,而且实现与否或实现的程度如何也在一定程度上制约着公共部门持续健康发展,对于整个社会的和谐都有十分重要的意义。因此,有必要积极探索公共部门人力资本价值的实现条件和机制,以更好地解决这一问题。本章首先对公共部门人力资本价值实现的基本原则进行说明,然后阐述了公共部门人力资本价值实现的条件,最后对公共部门人力资本价值实现的制度保障和配套机制进行了有益探索。

第六章 公共部门人力资本价值实现路径探索

第一节 公共部门人力资本价值实现的基本原则

一、提供公共服务原则

公共部门的目标在于向社会提供公共服务，而这也应该是公共部门人力资本的价值追求。以政府为代表的公共部门与以企业为代表的私人部门有着本质的不同。企业以利润最大化为目标，追逐高利润是其之所以存在的根本属性。而政府的根本属性在于社会性，即以向社会提供公共服务、公共物品为其天职。因此，在对待公共部门人力资本价值实现方面，不能像私人部门把获取高额利润作为人力资本价值实现的主要方式那样经营人力资本，因此，也就不能像私人部门激励人力资本的方式那样去激励公共部门人力资本。而应该以提供公共服务的优与劣、多与少和人力资本价值增值作为公共部门人力资本价值的实现的基本原则。

二、在实践中增值原则

人力资本价值的有效实现，就是要根据人力资本存量和结构的不同，把人力资本持有者放在合适的位置上，发挥人力资本的最大作用，实现人力资本价值收益最大化。人力资本价值的有效实现不仅能够满足公共部门提供服务最优化的需求，而且能够充分发挥出人力资本个体价值的作用，达到人力资本价值增值最大化,从而达到公共部门提供公共服务最优化的目的。实证表明,人力资本价值在合理配置中,通过有效实践可以达到不断增值的目的。对于公共部门来说,要通过提供良好的组织环境及制度设计来优化公共部门人力资本合理配置,从而实现公共部门人力资本价值在提供公共服务中不断得以增值。

三、价值实现机制的可靠性原则

价值实现机制的可靠性原则指公共部门人力资本价值实现的机制设计具有可操作性,能够促进公共部门人力资本价值实现的原则。公共部门人力资本价值的实现过程有两个层面的意思:一是公共部门个体人力资本价值参与收入分配,在这个层面,公共部门人力资本与物质资本是一个博弈的过程,在博弈过程中,公共部门内外部各种要素通过作用于组织人力资本与物质资本,影响人力资本参与收入分配;二是公共部门人力资本个体通过价值发挥,促进公共部门职能的转变、效能的提高、作用的增强。在这两个层面的实现过程中,建立一个什么样的激励机制相当重要。因此,对于公共部门来说,应该以可靠性作为公共部门人力资本价值实现机制建立的基本原则,根据公共部门当前发展的现状及前景,结合公共部门的实现情况,建立有利于公共部门人力资本价值实现的机制。

第六章 公共部门人力资本价值实现路径探索

第二节 公共部门人力资本价值实现条件

一、合理配置公共部门人力资本

公共部门人力资本配置包括两个层面的意思:一是在公共部门内部,合理配置、使用其现已拥有的人力资本,充分发挥其作用;二是着眼于公共部门之外,把大量的公共部门之外的优秀人才配置到公共部门之中,为公共部门服务。因此,对公共部门来说,合理配置其人力资本可以从两个层面进行把握:其一是,对于公共部门内部现已拥有的人力资本,分析其人力资本存量及结构状况,结合本部门岗位职责情况进行合理配置;其二是,对于公共部门之外的人力资本,根据本部门人力资本需求情况,定位目标群众,吸引符合岗位要求的优秀人力资本进行补充。

分析公共部门人力资本配置,可以得出以下几个因素对公共部门人力资本的有效配置有着重要的影响:公共组织环境、岗位设置、现有人力资本状况、潜在人力资本状况。这几个因素相互关联,互相影响。其中组织环境分析是基础,其他几个因素的分析都建立在这个基础之上。通过对这几个因素进行合理把握,从而达到合理配置人力资本的目的,这一模型构建见图 6-1。

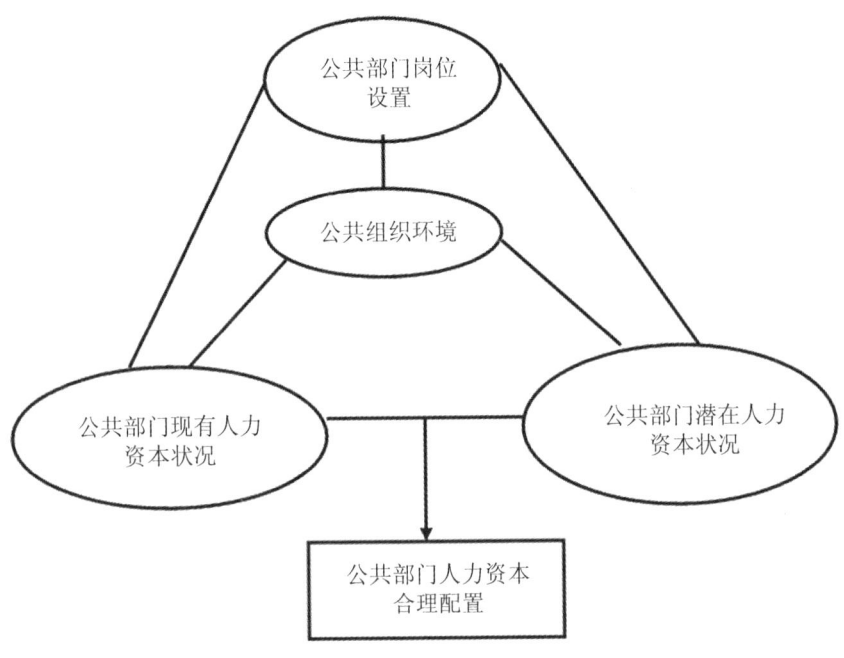

图 6-1 公共部门人力资本配置模型图

(一) 公共组织环境

无论任何一个组织,始终都处于动态的环境之中,人力资本的优化配置必须建立在对环境的分析和正确评价的基础上。组织环境包括组织的外部环境和内部环境。对于公共部门来说,对公共部门人力资本配置外部环境的分析中应主要把握以下几个方面:国家的人才政策改革、人才相关的法律法规、人才市场的状况、人才体制环境等;对公共部门人力资本配置内部环境分析中应该主要把握的则是下面几个因素:部门职能定位、组织文化建设情况、经济状况、工作环境等。

(二) 公共部门岗位设置

岗位设置是公共部门人力资本配置的基本依据,它的合理与否直接影响着人力资本价值的充分发挥。岗位设置是一项系统工程,必须保证科学性和延续性。岗位设置最基本的原则是因事设岗和职位分类,具体可体现在以下几个方面:1.最低岗位数量原则。为了使一个组织以最少的成本获得最大的效益,其岗位数理应限制在有效完成任务所需的最低数。2.系统原则。从系统论出发,应把每一个岗位放到组织系统中,岗位之间协调有序,无交叉重叠、职责不清的现象。3.能级原则。把不同功能的岗位设在相应的能级位置上。从高到低,决策层、管理层、执行层、操作层呈梯状结构,合理分布。4.最低岗位层次原则。能够设置低层次岗位的,决不设置高层次岗位①。

就公共部门岗位设置而言,可以从以下几个方面进行分析:首先,在分析组织环境的基础上,认清组织所处环境特别是内部环境。明确部门职能,取消原有的一些越权的岗位,增加由于职能转变或公共服务需要而新增职责所需的岗位。其次,对每项岗位进行职责分析,设计岗位说明书及工作量统计,作为岗位设置的重要依据。岗位设置包括了对岗位进行定员,而工作量和岗位职责分析就是定员的根本依据。从而可以达到减少公共部门行政成本,提高行政效率,充分发挥公共部门人力资本价值的目的。

---

① 谭艳玲,戴良铁.如何规范岗位设置[J].经济论坛,2006(5):91.

（三）现有人力资本状况

现有人力资本状况是公共部门组织现在拥有的人力资本存量、结构的总称。在岗位设置的基础上，列出岗位对人才类型和数量的需要表，再对现有人力资本进行分类总结，从中可以发现公共组织内部人力资本配置的合理程度及配置偏差。

（四）潜在人力资本状况

潜在人力资本指公共部门的人力资本供应源，是可供公共部门选择的人力资本集合。在现有人力资本状况分析的基础上，可以了解组织缺乏的人才类型与数量，通过对潜在人力资本的分析，可以将最优的人才配置到最合适的岗位上，达到人与岗最大限度的优化组合。

潜在人力资本状况主要从公共部门之间以及组织内部的可调配人力资本状况和外聘途径的人力资本状况三个方面进行分析。就政府而言，部门之间存在着巨大的可调配的人力资本，这一部分人力资本具有较大的重新利用价值。由于部门职能重新划分，人才与部门的结合随着岗位的变更也变得不够准确。人才在不同部门间的重新调配也成为大势所趋。较之外聘而言，这一途径更具有保障性，而且更为经济。这类人员往往被人事主管所熟知，其历年的工作绩效也可作为调配的依据。其本人而言，对于组织环境的熟悉，以及对于工作流程的了解，使得可以很快地融入新的部门或新的岗位中。这些都可以降低外聘对人才评估失误带来的人力以及各种成本的浪费，从而提高人力资本配置的准确程度。

二、建立竞争的公共部门人力资本流动市场

在社会主义市场经济条件下,市场在资源配置中起基础性作用,人力资本的配置与其他资源的配置一样,是通过市场进行的。人力资本市场是社会主义市场经济体系的重要组成部分,是"直接进行人力资源配置的手段和途径,它通过人力资本的供求机制、竞争机制、工资机制、动态疏导机制等相互作用,促进人力资本合理流动,实现人力资源配置的动态平衡"[①],对人力资本价值的实现具有基础性的作用。

与私人部门一样,公共部门人力资本的获取、激励、作用等也必须通过市场来进行,是由市场这只"看不见的手"在配置公共部门的人力资本。然而,就我国目前公共部门人力资本的市场建立状况来看,存在着一些问题,竞争的公共部门人力资本流动市场也尚未完全建立,从根本上制约着公共部门人力资本价值的实现。因此有必要建立竞争的公共部门人力资本流动市场,从根本上解决这一问题。

1. 促进市场主体到位[②]。推动公共部门尽快健全组织选拔和市场配置相结合的选人用人制度,促进用人单位和人力资本两个市场主体到位,打破人力资本部门、单位壁垒,消除人员流动的障碍。要打破组织任命提拔的传统行政配置用人

---

① 关培兰,刘学元.构建人力资本市场[J].中国人力资源开发,2000(10):18.

② 李涛.人力资本市场运行机制与制度创新[J].湖南师范大学社会科学学报,2003,32(3):81.

方式,建立以市场为主导的用人机制。对于公共部门具体的用人单位,要赋予其根据自己部门需求由市场配置人才的权利,允许根据部门发展情况建立适合本单位实际"能进能出"的用人机制,从而实现单位用人的职业化、市场化。

2. 加强人力资本市场建设,提高服务能力和水平。人力资本市场是进行人力资本培训、信息交流、人员测评、技能鉴定、人事代理等有关人才服务的重要中介机构,是社会化服务的重要内容,对于缩短供需距离,增进供需双方的了解,减少交易成本,构建有效的人力资本市场发挥着重要作用[①]。因此,要加强人力资本市场尤其是公共部门的人才市场建设,首先要加强业务水平的提高和拓展,为公共部门组织选拔本部门所需合格人才提供服务;其次,加强省级以下人力资本市场的建设,提高服务能力和市场开发水平;再次,打破人力资本市场体系分割、地域分割,建立全国开放、统一的人力资本市场体系。

3. 建立市场引导的人力资本市场工资价格形成机制。打破传统的公共部门行政统配性工资形成机制,建立以市场为导向的竞争性人力资本工资形成体系,体现供需双方在人力资本价格形成中的作用和权利,在此基础上,完善劳动协调制度,完善市场主导下的工资协调机制。

4. 深化公共部门劳动就业体制改革,促进人力资本的合

---

① 关桂兰,刘学元.论人力资本市场的有效性及其构建[J].江汉论坛,2000(7):45.

理流动与优化配置。公共部门人力资本流动受到政策、体制因素的制约,流动性不足,从而限制了公共部门人力资本市场的发育。人力资本的全面流动是人力资本市场运行的必要前提条件,人力资本的现实流动是实现人力资本在地域间、部门间和体制间优化配置的前提条件。这些均应成为塑造健全、规范、统一的人力资本市场的基本原则。因此,政府应制定宽松的、有利于促进人力资本流动的政策法规,进一步深化公共部门就业体制改革,促进人力资本在公共部门之间及公共部门与私人部门之间的合理流动和优化配置。通过对人力资本市场制度性整合,充分发挥其在人力资本配置与评价中的基础性作用。

三、对公共部门人力资本进行合理分类,加强人力资本激励

不同的人力资本个体所内含的人力资本存量及结构也会不同,人力资本在实践工作中所体现的作用和价值也会有一定程度的差别。因此,有必要对此进行科学的界定,以区分人力资本个体的贡献程度。而公共部门人力资本个体对组织的贡献程度,可以具体反映在职责权限、工作难易程度及所需能力大小等标准之上,以此为依据对公共部门人员进行分类,以差别性激励方案实现激励中的公平性和实用性[1],加强对公

---

[1] 李春成.动机与激励:行政人员的行为心理分析[J].行政论坛,2001(1):34~35.

共部门人力资本的激励。

这里有两种界定公共部门人力资本个体贡献的分类标准:第一种分类是以职权、责任的大小为标准进行的分类,具体可分为政务类人员,他们的职级高,权力大,责任大,工作复杂,需要很强的应变能力;事务类人员,他们的工作内容相对简单,承担的责任小,工作具有一定的程式性。第二种分类标准是以工作的不同分工进行的划分,具体可分为一般型人员、技术型人员和高层次管理型人员。一般型人员指只需稍加培训就可以轻易获取的或从事只需要体力就可以上岗的人员,所需技术含量较少、本身内含的人力资本存量和质量也处于较低的水平和层次;技术型人员是指从事高技术服务,工作技术含量较高的那部分人员,包括研究、开发人员,所需技术含量较高、本身所内含的人力资本存量和质量处于较高的水平和层次;高层次管理型人员是指除技术型和一般型以外的人员,指具有较为丰富的实践经验和管理水平,对公共部门具体组织内部人力资本价值的发挥具有能动性协调作用的人员,本身所内含的人力资本的应用型能力较强。鉴于公共部门的公共服务功能,我们可以采用第一种分类标准为主,兼顾第二种分类标准的基本思路,对于不同类别的公共部门人员实施不同的激励方式。

科学的分类应是与科学的竞争、薪酬、晋升机制相适应的。对于政务类人员,由于他们工作性质的重要性、复杂性、非程式性,应当给予较高的物质激励和较易受到提拔的提升通道,以换取他们高效地工作。因为与事务类人员相比,公众

第六章　公共部门人力资本价值实现路径探索

福利的增加、公共部门效率的提高、公共部门组织的发展,政务类人员发挥着更大的作用;同时对于技术型人员和高层次管理型人员,他们从事工作的技术含量或实践管理水平较高,应当给予较之一般型人员更优的激励,这是提高公共部门总体公共服务水平和效率的必要途径。依据部门人员的不同分工提供不同的提升激励通道,进行区别性的激励方式是提高公共部门效率、激励部门人员、实现公共部门人力资本价值的必然选择。

换而言之,笔者认为如果通过对高层次、高技能、高水平公共部门管理人员的激励标准加倍的方式能增加他们的效率的话,那么这种激励对公共部门来说是很值得的。因为高层次人员承担的劳动具有更高的复杂性,其工作效率的提高、人力资本价值的发挥带动公共部门效率的提高和发展所创造的价值,无疑将会大大超过报酬的增加额。因此,应提高政务类人员、技术型人员及高层次管理人员的待遇及激励水平,以充分调动他们的工作积极性,激励其人力资本价值的充分发挥。

四、强化科学的人力资本价值增值机制

人力资本个体对寄存于其自身的人力资本有天然的控制和操作权,公共部门人力资本个体是否愿意把全部的人力资本毫无保留地投入到公共服务之中,取决于公共部门完善的

激励机制及竞争机制①。通常来说,公共部门通过教育、培训和经验的积累以及实践工作实现个体人力资本增值;在公共部门个体人力资本价值增值的同时,相互之间进行沟通、协作,也导致公共部门总体人力资本增值。

因此,公共部门人力资本价值增值的实现一方面来自公共部门内外竞争压力的加大与公共部门员工自身寻求发展的动力,促使人力资本个体不断提升其价值,实现价值增值;另一方面,追逐利益是人的天性,作为"经济人"的人力资本个体,总是要求个体人力资本价值的最大利益实现,寻求部门发展中的个体利益索取权,而这则取决于公共部门有效的激励机制激励员工最大可能地发挥人力资本。因此,本书拟在此基础上构建一套人力资本价值实现的模型机制,在促使公共部门个体人力资本价值实现的基础上实现公共服务的提高和公共部门的发展。

(一) 基于学习强化的公共部门人力资本价值增值机制

通过公共部门学习型组织的构建,强化人力资本个体的学习动机,提高个体、团队的学习能力和效果,提高公共部门人力资本存量和改善公共部门人力资本结构,这是众多公共组织致力于人力资本价值增值的出发点,这种机制可以称之为基于学习强化的人力资本价值增值机制。该机制的实现着力点主要有两个:

---

① 曹学,翟运开.高科技企业人力资本价值增值战略研究[J].江苏商论,2007(12):131.

第六章 公共部门人力资本价值实现路径探索

1. 知识学习①。通过建立学习型组织,提倡人力资本个体坚持学习,不仅重视自我学习,同时重视各类在职培训。公共组织中的个人通过自身学习、培训、经验积累和实践工作来增加知识与能力的过程就是公共部门组织个体人力资本增值的过程。同时,公共组织内部的团队学习、团队文化建设以及公共部门与外部组织机构之间进行的交流、学习、培训等活动,则是公共部门组织人力资本价值增值过程。

2. 经验积累。各类学习强调的是对未知知识的掌握以促进人力资本增值,而经验则强调的是实践中所形成的各种方法和能力的提高。学习的对象往往是各种显性知识,而经验则强调的是各种隐性知识。经验积累策略要求公共部门个体人力资本总结创新性经验并使之显性化,成为公共组织共有的人力资本,这也是公共组织人力资本价值增值的过程。

(二)基于人力资本个体主观需要的公共部门人力资本价值增值机制

与私人部门相比,公共部门人力资本个体更重视工作本身带来的激励,注重自我价值在组织的实现及能够有机会在工作中运用他们所拥有的技能、知识及经验投身于公共活动中。基于公共部门人力资本个体的这种特征,公共部门可以从满足本组织人力资本个体的主观需要入手,着力于满足人力资本个体的主观感受来带动价值增值,这种机制即基于满

---

① 曹学,翟运开.高科技企业人力资本价值增值战略研究[J].江苏商论,2007(12):131.

足人力资本个体主观需要的价值增值机制。该机制的实现着力点可概括为以下两个:

1. 岗位轮换。公共部门人力资本个体所从事的工作重复性较大,这在一定程度上会使员工感到厌倦。因此,公共部门应加大工作岗位轮换的做法,增加人力资本个体的挑战性,丰富和拓展人力资本个体的工作内容,不断提升人力资本个体的创造性和满足人力资本个体的主观需要。

2. 职位晋升。公共部门人力资本个体比私人部门人力资本个体有更强的晋升要求,更希望得到较高的、需要更高能力的职位,以职务晋升为核心的良好的激励制度,有助于不断提升人力资本个体的责任感和进取精神,促使人力资本个体进一步挖掘自身潜力,激发其价值潜能,从而实现人力资本价值增值。

(三) 基于创新精神培育的公共部门人力资本价值增值机制

我国公共部门正处于转型时期,其现阶段的特征及人力资本个体的属性都要求良好的创新精神。通过营造一种自由宽松并具有良好氛围的创新环境,建立鼓励创新、竞争并容忍失败的公共组织,鼓励人力资本个体的创新和成长,从而实现人力资本价值增值。这种机制即基于创新精神培育的人力资本价值增值机制。该机制可概括为两个实现方式。

1. 营造创新环境①。转型时期的公共部门应培育创新环境，建立创新文化，鼓励以企业家精神改造公共部门，提倡团队合作精神，鼓励科学上的冒险与创新，容忍创新中的失败，激励职工发挥个人创造力与组织创造力。建立创造性的文化氛围有助于职工更好地发挥其人力资本价值，实现人力资本价值的增值。

2. 建立鼓励人力资本个体成长的激励制度。鼓励公共部门内部优秀的人力资本个体更多的成长为公共服务领导者。公共部门在创新精神的鼓舞和指引下，突破部门障碍，超越部门竞争，将会实现更多的服务创新和管理创新，获得创新所产生的优质服务。创新的成功与公共服务的提供，将激发人力资本个体投入到新一轮的创新。与之相伴，公共部门人力资本价值增值将与优质公共服务的提供和公共部门持续发展一起伴随公共部门转型。

五、构建人力资本价值实现的制度环境

制度是"一系列被制定出来的规则、守法程序和行为的道德伦理规范，它旨在约束追求主体福利或效用最大化利益的个人行为"②。"制度提供了人类相互影响的框架，它们建立

---

① 曹学,翟运开.高科技企业人力资本价值增值战略研究[J].江苏商论,2007(12):132.

② [美]道格拉斯·C.诺斯.经济史中的结构与变迁[M].上海:上海人民出版社,1994:225～226.

了构成一个社会,或更确切地说一种经济秩序的合作与竞争关系"①。所以,从一般意义上理解的制度,既包括财产所有制、要素分配制度、劳动力市场制度、企业管理制度、公务员制度等制度体系,也包括社会规则和秩序、道德规则和准则、文化组织和意识形态等制度范畴。或者说,制度是一种习惯、各种角色或因素的集合体,它不是一种"自我平衡机制",而是一种"逐渐积累发展的过程"②。

对于公共部门来说,制度不仅是人力资本价值实现的保证,同时对人力资本价值的实现也起着不可替代的激励和促进作用。从对人力资本个体激励与约束的层面设计制度,是公共部门人力资本价值实现制度安排的主要目的。其一般要求就是通过制度能给人力资本个体及公共部门施加激励与约束,从而达到人力资本的优化配置。

目前,我国在探索提升公共部门人力资本价值实现制度方面已走出了可喜的一步,这点从2006年《中华人民共和国公务员法》的颁布并实施可以看出。面对着公共服务型政府的构建、个体主体地位的突显、激烈的人才竞争环境及全球公共管理领域中价值标准,我国公共部门人力资本价值实现的制度环境也要与此相适应,以此为背景,构建公共部门人力资本价值实现制度环境。

---

① [美]道格拉斯·C.诺斯.经济史中的结构与变迁[M].上海:上海人民出版社,1994:225.

② 何东琪.人力资本生成及积累的制度环境研究[D].西北大学博士学位论文,2005:42.

第六章　公共部门人力资本价值实现路径探索

首先，要完善相关法律、法规，加强公共部门人力资本价值实现的制度保障。完善社会立法，从制度上保障人力资本个体享受由其高层次人力资本所带来高收益的合法性；消除一系列阻碍公共部门人力资本流动的政策性因素，完善公共部门人力资本价值实现的制度性环境。

其次，坚持尊重个人价值，完善公共部门人力资本培训制度。在培训内容上依据公共部门改革形势变化适时更新培训内容。将培训计划同公职人员职业发展规划结合，引入知识培训、职业发展咨询、心理咨询等支持性措施，指导、协助公职人员在公共部门现有环境、条件下，成功完成公共目标的同时获得个人成就感和满足感，以满足成员自我发展需要。同时，公共部门人力资本培训中要体现以人为本，以提高被培训者素质、能力为目的，把培训目的转入到人的全面发展上来，最大限度开发人的潜在能力。

再次，建立合理的业绩考核和评估制度。首先在考核内容中，将传统考核中注重受聘人员德才表现和工作实绩，扩展到公共部门成员对各种责任的履行情况上，并以此作为对其奖惩、职务升降、工资增减、培训辞退的管理依据。其次在考核程序设计中体现民主参与，对公共组织成员考核坚持进行民主评议，将考核置于公众监督之下，鼓励组织所有成员参与。

第三节　公共部门人力资本价值实现的制度保障

一、创造宽松的人力资本成长的制度环境

如果将人力资本的生命周期理解为与人的生命周期是一致的,人力资本投资作为对未来收益的预期,完全表现为个人、家庭或组织的一种储蓄行为选择,包括与人力资本优化和积累有关的各种投资活动的总称,即进入一定阶段的个体由于接受教育所形成的一般性人力资本、参加工作所获得的专业性人力资本积累的全过程。在本书中,由于讨论的是公共部门人力资本,因此,本书把人力资本成长的阶段限定在人力资本个体从进入公共部门工作到退出公共部门这段时期内。

人力资本的个体在完成一般性人力资本形成所应接受的教育之后,必然要进入专业性人力资本的成长过程,在这一过程,人力资本个体专业工作经验积累的大小、专业知识获取的多少、人力资本个体在组织工作中价值能力发挥的程度等主要取决于个体所在组织人力资本成长的制度环境是否宽松。对于公共部门来说,一个宽松、有利的成长环境,将对本部门人力资本存量的持续增加、结构的持续优化起到十分重要的作用。而宽松环境的创造,取决于以下几个方面:

(一)加大部门内人力资本流动

根据舒尔茨的观点,"个人和家庭进行迁移以适应不断变

化的就业机会"①也是人力资本投资的一种形式。从更广义来说,公共部门人力资本在其内部的流动也是一种职位的迁移,这种流动是公共部门人力资本个体岗位轮换的表现,不仅能使公共部门人力资本个体的工作丰富化,而且能有效地优化人力资本结构。因此,一个内部人力资本流动力度较大的组织,能很好地促使部门人力资本成长,更好地发挥人力资本价值。

(二)制度化、市场化、组织文化化的公共组织制度

与人力资本成长相匹配的组织制度是将制度化、市场化、组织文化化嵌入组织结构的一种制度安排。这种组织制度的基本特征是:人力资本在组织内的集中以市场为导向,通过制度结构创造团队精神,并借助组织文化对主体行为和态度施加影响,使个体适应群体来实现预期目标②。制度化组织的实现,可以将个体的预期行为与组织的目标协调一致,从而充分发挥个体潜在的能量。市场化是当代市场经济赋予组织与个体之间相互选择得以实现的必然结果,与现代市场经济运行规则是一致的。组织文化化旨在以潜移默化的作用给人以知识、技能,并影响对周围环境的看法、态度及价值取向,借助组织文化理念约束人的行为。因此,公共组织应建立一套健全的内部制度来保障人力资本个体的成长。首先,公共组织制度化,保障公共部门人力资本个体与组织目标一致,以激励

---

① [美]西奥多·W.舒尔茨.人力资本投资——教育和研究的作用[M].北京:商务印书馆,1990:31.

② 张德.组织行为学[M].北京:清华大学出版社,2000:28~36.

人力资本个体自觉发挥其能动性,创造性地工作;其次,以市场化为导向,以薪酬、奖励、晋升评估等促进公共部门人力资本个体的成长;再次,应建立完善的组织文化,以组织文化影响人力资本个体,以组织目标激励人力资本个体的成长,更好地发挥其价值能动性。

二、健全公共部门人力资本产权制度

按照现代产权经济学的观点,产权包括三层含义:赋予所有者享受产权收益的权利;对产权对象使用的行为权利,产权主体必须对自身的违约行为换算成一定的成本作为对其他产权主体的补偿;产权是一组权利束,包括所有权、支配权和收益权等一系列权利的总称,可以根据所有者的意志进行分割①。可见,产权所有者拥有的是在一定条件下,其他经济行为个体允许他以产权所确定的方式行事的权利,是在契约双方达成协议条件下的一种行为权。

公共部门人力资本产权作为一种特殊产权也是一种权利束,是指公共部门人力资本个体作为公共行为能力的所有者拥有的一种产权权利束,是在一定的国家法律和公共部门制度的限定条件下,由于使用公共行为能力而引起的受损或受益的权利。它同样包含了公共部门人力资本个体对自身能力的直接控制权、对公共资源的支配控制权、对收益的控制权和

---

① 段兴民、张志宏等.中国人力资本定价研究[M].西安:西安交通大学出版社,2005:58.

第六章　公共部门人力资本价值实现路径探索

对违约责任的抵押控制权四个方面。四者是一个有机的统一体,共同构筑了公共部门人员人力资本产权的完整概念①。

正因为公共部门人力资本产权是一种权利束,对于公共部门人力资本个体来说,才具有激励功能、约束功能和按产权进行分配功能。由于传统计划经济体制的影响,公共部门人力资本产权在市场发展中滞后于私人部门人力资本产权。公共部门人力资本个体在某种程度上只行使了人力资本产权权利束中的"对自身能力的直接控制权、对公共资源的支配控制权",而对于"收益的控制权和违约责任的抵押权"则仅限于在体制下的部分行使。这在一定程度上抑制了公共部门人力资本个体发挥其人力资本价值的积极性和创新的主动性,不利于公共部门人力资本价值的实现。因此,公共部门要更好地实现其人力资本价值,必须借鉴企业人力资本产权制度,真正把公共部门人力资本产权主体作为市场的主体,以市场的价值观引导公共部门人力资本产权制度的建立。

首先,合理界定公共部门人力资本个体对自身能力的直接控制权和对收益的控制权。要建立一种制度把公共部门人力资本个体对自身能力的直接控制权和收益控制权与公共服务的提供和公共部门的发展联系起来,使二者相互促进。

其次,依法监督公共部门人力资本个体对公共资源支配控制权。在保障获得自身人力资本收益的前提下,合理使用

---

① 盛艳.公权行使中的人力资本产权[D].浙江大学硕士学位论文,2005:16.

对公共资源的支配控制权,使这种控制权用于对公共利益方面而不是用于对个人利益的获得。

再次,建立一种合理机制,使公共部门人力资本的违约责任抵押权真正成为一种权利,用于对公共部门或公共部门人力资本个体因为违约责任而造成的损失补偿。

三、建立以法律为保障的激励制度

根据激励理论,个体总是期望在取得预期的成绩或付出相应的贡献后,能够获得合理激励,如奖金、职位晋升等。如果个体为组织目标做出贡献而没有合理激励强化,往往会造成个体消极懈怠,抑制自身人力资本价值的充分发挥[①]。因此,建立一种法律保障的激励制度,把对公共部门人力资本个体的激励以法律的形式固定下来,可以对公共部门人力资本个体起到很好的激励作用,从而激励公共部门人力资本个体积极性和创造性的更好发挥。在此方面,我们可以从西方国家的做法中获得一些启示和借鉴。

为了更好地激励公共部门人员发挥其人力资本价值,大多数西方国家通过设立相关法律对公共人员的报酬和提薪办法做出具体规定,如英国的《吏制澄清法》、美国的《联邦文官法》、法国的《公务员总章程》、日本的《国家公务员法》等;有的还专门制定工资法,个别国家还制定单项法规和条例。这些法律法规在确定公共部门人员的薪俸时大多考虑到公平原

---

① 张德.组织行为学[M].北京:清华大学出版社,2000:157.

第六章 公共部门人力资本价值实现路径探索

则,其中外部公平最具特色,法规规定公共部门的薪酬水平应当与部门外其他行业,尤其与私营企业中从事相似工作、相近职位、相同学历人员的工资水平进行比较;公共部门人力资本个体的"薪酬不但应当依据其工作的价值和贡献来保持组织的内部公平,还要参照私营企业同类人员工资的增长幅度,以稍高于从事社会中类似工作、类似职位的社会平均水平,来调整公共部门人员的工资水平,以保证外部公平"①,从而促进更好地发挥其价值,提供优质的公共服务和促进公共部门的发展。如英国1955年就提出:"文官报酬制度的首要原则,是在与从事基本上类似工作的外部人员现时报酬数额相比较时,应当公平合理。"②美国于1970年正式通过了《联邦工资比较法》,通过对私人企业相应人员工资的调查,找出联邦雇员与私人企业的工资差,从而确定联邦雇员综合工资表的合理调整率,以弥补公共部门人员工资与私营企业中同类人员的工资差距③。

对现阶段的我国公共部门来说,由于转型的复杂性和重要性,我们可以借鉴西方国家的普遍做法,通过制订相应的法律法规及政策来保障对公共部门人力资本个体的各种激励。

---

① 郑爱翔.公共部门人员激励机制与政策研究[D].南京理工大学硕士学位论文,2004:17.
② 李芒环.国外公务员定期提薪工资制度概述[J].洛阳工学院学报(社会科学版),1999,17(4):48.
③ 李芒环.国外公务员定期提薪工资制度概述[J].洛阳工学院学报(社会科学版),1999,17(4):48.

如可以在《公务员法》的基础上,制订公共部门薪酬类的法律单行法,从根本上保证公共部门人员的薪酬略高于同类行业具有相同人力资本存量和结构的其他行业人员的收入,同时,以市场为导向,根据市场对资源的配置及物价变化水平,灵活调整公共部门人员的薪酬收入及各种补偿,以激励公共部门人力资本个体更好地发挥其自身人力资本。

四、建立人力资本后续开发制度

人力资本的后续开发是指公共部门人力资本个体在通过普通教育获取一般人力资本之后,在实践工作中为保证人力资本不断增值而进行的有针对性地开发方式。由此可知,后续人力资本开发实质上是人力资本投资中的一种特殊形式——"干中学"。这种开发更多地侧重于"通过确定人力资本、组织人员培训、为合适的人安排合适的岗位和合适的职业途径,充分挖掘公共部门人员的潜力,追求最大的公共行为效率"[1]。与一般人力资本开发相比,人力资本后续开发有一定的特殊性:一是人力资本的后续开发是针对人力资本在实践工作中不断增值的开发;二是人力资本的后续开发是更深层次的开发;三是人力资本的后续开发需要开发主体包括个体和组织要有开发的自觉性。基于这种原因,为保证公共服务质量的提高和公共部门成功转型,更应该建立一套完整的开

---

[1] 萧鸣政.人力资源开发与管理——在公共组织中的应用[M].北京:北京大学出版社,2005:416.

第六章　公共部门人力资本价值实现路径探索

发制度保证人力资本后续开发的有效进行。

一是加强公共部门人力资本个体的再学习制度。随着经济社会的发展及知识的更新,公共部门人力资本个体以前的人力资本存量在工作实践中或多或少有与实践脱节之处。需要建立一种再学习制度,通过与实践工作需要结合起来,加强公共部门人力资本个体的人力资本积累和优化其结构来促进公共部门的发展。如近年来兴起的MPA专业教育。

二是采取多种形式加强公共部门人力资本个体的再培训。自1994年人事部制定下发《国家公务员培训暂行规定》以来,公共部门培训体系逐步确定,基本形成了以初任培训、任职培训、更新知识培训和专门业务培训为主要形式,以出国(境)培训、对口培训、学历教育等为有益补充的公共部门培训门类体系,公共部门培训的制度已经初步形成。但实践中也存在着一些问题,如培训形式随意化、培训的针对性不强,这些都需要完善培训制度,更好地保障公共部门人力资本的后续开发制度的实施。

三是加强公共部门人力资本个体的流动开发。这里的流动不仅仅是公共部门人力资本的调配和交流,更包括其个体在国际之间、省与省之间、不同的公共组织之间的广泛流入和流出。

第四节 公共部门人力资本价值实现的配套机制

一、引入与退出机制

公共部门录用、聘任制度和公共部门辞职、辞退、退休制度一起构成公共部门人员的"入口"、"出口"制度。因此,严格公共部门人员的"入口"制度,畅通公共部门人员的"出口"制度,在公开选拔优秀人才进入公共部门的同时,让不适宜或不愿继续在公共部门工作的人员能按法定程序离开公共部门,对于保持公共部门人员的素质和稳定,更好地发挥其人力资本价值起到非常重要的作用①。

国家《公务员法》颁布实施以后,公共部门相应的引入与退出机制从理论上讲开始形成,但在实践中由于公共部门特殊的公共性及其与市场联系不是太紧密,公共部门引入与退出机制操作起来仍然存在着很大缺陷,从根本上抑制着公共部门人力资本价值的发挥和实现。因此,有必要建立一套完整的机制,保证公共部门的"高层次人力资本"的引入和"劣质人力资本"的退出。

---

① 陶秉元主编.现代公务员制度概论[M].西宁:青海人民出版社,2007:269.

第六章　公共部门人力资本价值实现路径探索

（一）优化公共部门"入口"

首先，改革传统的公共部门录用制度，从主导方向上，加大公共部门用人的自主权，保证公共部门依托市场，录用到适合公共部门具体岗位需要的优秀人力资本。

其次，在公共部门编制范围内，加大公共部门聘任制。国家《公务员法》规定："机关根据工作需要，经省级以上公务员主管部门批准，可以对专业性较强的职位和辅助性职位实行聘任制。"[①]在实践中，公共部门可根据部门工作需要和实际，有针对性地扩大聘任的范围和比例，在公共部门内部形成一种竞争压力，激励公共部门人力资本个体更好地发挥能动性和创造性，为公共部门服务。

（二）畅通公共部门"出口"

畅通公共部门"出口"可以更好地促进公共部门内部新陈代谢，激励公共部门内部人力资本个体更好地发挥其自身价值，为公共部门发展和提供公共服务服务。从实践情况看，畅通公共部门"出口"可以从以下三个方面进行：

首先，保障公共部门人力资本个体的辞职权利。当公共部门人员感觉不适应在公共部门工作时，应当在法定程序的前提下，保障其辞职的权利。

其次，健全公共部门辞退制度。对于不能适应在公共部门工作的人力资本个体，应当打破"雇用终身制"，在保障公共部门人力资本个体权利的前提下健全辞退制度，优化公共部

---

① 《中华人民共和国公务员法》2006.

门人力资本结构。

再次,完善公共部门退休制度。对于超过年龄或达到退休条件的公共部门人员,应当让其退休,为公共部门内的其他人力资本个体更好地发挥价值提供机会。

二、价值释放机制

(一)建立以有利于优秀人力资本施展价值为主导的用人机制

人力资本对公共部门的作用,不仅取决于质量的高低,还取决于实际的利用效率。如果利用效率不高,即使是高质量的人力资本,也仅是一种潜在的人力资本价值,而不能形成现实的人力资本价值。因此,良好的人力资本管理机制是促进人力资本利用效率提高的基本保证,要打破各种束缚人力资本施展才能的障碍,建立以竞争择优为主导,不拘一格使用人力资本,以业绩、能力评价人力资本,论贡献激励人力资本等一系列有效机制。使优秀人力资本在公开、平等、竞争的原则下实现合理流动和有效配置,从而使人力资本真正发挥其价值。

(二)公共部门人力资本评价机制

公共部门人力资本个体评价概括起来有两种:一种是被动激励性即奖惩性人力资本个体评价制度;一种是主动激励性即发展性人力资本个体评价制度。奖惩性人力资本评价制度是以奖励和惩罚为最终目的的被动激励性评价,用于人力资本价值发挥程度的评定,以上级评定为主导,自上而下进行，动力来自于外部。通过奖惩，可以在一定程度上起到激励和约束的作用，但这种评价方法对公共部门人力资本个体的发展并不十分有利。20世纪80年代以来，以法美为首的西方发达国家开始推行一种新型的发展性人力资本个体评价制度。发展性人力资本个体评价制度以促进公共部门人力资本个体的发展为目的，用于提供公共部门人力资本个体优缺点、长短处的信息，使组织能采取适当的措施来帮助他们发展，使公共部门人员的人力资本实现保值和增值。发展性评价的动力来自于上下两个方面，内外结合，有助于人力资本个体的参与。这种鼓励人力资本个体参与的方式有利于增强公共部门人力资本个体的谈判能力，实现公共部门人力资本价值。从人力资本价值增值角度来讲，应该以发展性评价为主，以奖惩性评价为辅，评价的结果可以适当地作为奖惩参考，促进公共部门人力资本价值的增值和提供优质公共服务。

（三）公共部门人力资本考核机制

考核是薪酬管理的逻辑起点。公共部门通过组织考核，测量公共部门人力资本价值发挥程度、公共服务优劣、贡献大小等水平，了解公共部门人力资本个体能胜任什么岗位，取得什么样的回报。一般人力资本业绩考核通常采取客观指标型考核方式，把人力资本个体的报酬与业绩联系起来，通过建立基于客观业绩指标考核信息为基础的报酬激励方案来促使其提高业绩水平①。目前公共部门普遍采用的考核是德、能、勤、绩、廉五大类指标,具有可操作性。但就实践运作而言,这些指标过于笼统,无法真正地反映人力资本个体在公共部门贡献或作用的大小,也难以体现激励和约束的作用。因此,在具体考评设计中,可以结合采用私人部门常用的"平衡计分卡"的考核方式,或结合360度考核方式,抑或在考核中就某一个项目观察某一人力资本个体在此中的综合表现等。

(四)公共部门人力资本收入分配制度

我国目前公共部门人力资本收入分配方式大多带有计划经济时代的痕迹,制度性工资的比重过高,体现人力资本个体能力的比重过低,重视了制度性的作用,忽视了人力资本创造性发挥的分配,激励作用不是太明显。因此,在公共部门人力资本收入分配制度方面,可以考虑把人力资本价值的发挥作为分配的重要因素,把人力资本作为一种生产要素参与公共部门收入分配。具体来说,公共部门人力资本收入分配制度设计中,要体现以下几个方面:

1. 创新。创新至少应体现以下两方面的要求:一是公共部门人力资本收入的个体差别应考虑公共部门人力资本存量的高低和结构的优劣;二是人力资本存量高、结构优的人力资本不仅应获得补偿性工资,也应有权获得人力资本由于增值所获得的收入分配。

---

① [美]爱德华·拉齐尔.人事管理经济学[M].北京:北京大学出版社,2000:135.

2."经济人"属性。在市场经济条件下的人力资本个体都具有"经济人"属性,受利益的驱动。人力资本个体总是根据收益最大化原则选择自身发展方向。如果社会所提供的机会不利于其学习知识、积累经验,或者说不利于通过提高自身素质而获取更多的收入,人力资本个体就会转向其他可以获得这些利益的机会。因此,为了调动人力资本投资主体的积极性,必须遵循投资主体与收益主体的一致性,体现市场经济条件下,人力资本个体的利益驱动机制。

3.效率与公平。效率与公平体现在人力资本收入分配上就是能力与收入差异的转化。不同人力资本的差异恰恰是能力上的差异。不等量的人力资本对公共部门的贡献不同,对公共部门效率的作用不同,理应得到不同的回报。这样才能起到很好的激励作用。

结　语

随着知识经济时代的来临和公共部门转型,公共部门人力资本作为最核心的要素在公共服务提供与公共部门可持续发展中具有重要的意义。本书以此为基点,探讨了如何更加有效实现公共部门人力资本价值的问题。本书认为,公共部门人力资本价值实现包括两个层面的含义:一是公共部门人力资本个体价值实现的问题,即个体人力资本价值增值;二是公共部门价值实现问题,即人力资本个体作用于公共部门公共服务的提供和公共部门的发展问题。解决好这两个问题,本书认为首先要合理评估公共部门个体人力资本价值,建立有效激励机制,激励人力资本个体能动性和创造性的发挥;其次在对当前我国公共部门人力资本价值实现现状分析的基础上,建立有效的人力资本价值实现机制和制度保障,促进公共部门人力资本价值更充分的实现,从而促进个体人力资本价值增值、公共服务更好提供及公共部门的可持续发展。本书的结论是,合理评估公共部门人力资本个体价值和建立有效制度保障、实现条件及配套机制,是促使公共部门人力资本价值充分实现的有效路径。基于此,本书提出的解决方案如下:

1. 合理配置公共部门人力资本。使公共部门在吸引大量优秀人力资本的同时,把合适的人力资本配置在合适的岗位上,最大限度地发挥人力资本。

2. 建立竞争的公共部门人力资本流动市场。发挥市场在资源配置中的基础作用,促使人力资本的合理流动,使公共部门人力资本在流动中实现增值;使公共部门在人力资本流动中建立内部竞争机制。

3. 健全激励制度。对人力资本个体的激励制度,对人力资本个体的贡献给予充分的肯定和承认,可以体现公共部门人力资本的价值及其努力程度,激励个体人力资本价值的发挥。

4. 建立人力资本价值实现的制度环境。制度是保障,一个宽松的制度,可以更好地实现公共部门人力资本价值和实现公共部门的发展。因此,本书建议,通过制定法律法规,从制度上保障公共部门人力资本价值的增值机制和发挥能动性机制,可以更好地提高人力资本价值实现的程度。

5. 健全公共部门人力资本产权制度。人力资本产权制度是公共部门人力资本个体价值贡献界定的基础和前提,通过人力资本产权制度的建立和健全,可以合理界定人力资本在公共部门中的价值贡献,激励人力资本价值的发挥。

6. 健全人力资本后续开发机制。通过再学习制度、培训开发制度、流动开发制度,保障公共部门人力资本个体的价值不断增值,以更好地为公共部门服务。

但是,由于笔者受学识、能力、经验等的局限,对公共部门人力资本价值实现问题研究的深度和广度还不够,有许多地方也感觉心有余而力不足,尚存在许多不足之处和有待后续探讨的问题。

1. 公共部门人力资本评估模型中的参数如何更精确地进行估计。

2. 公共部门人力资本产权如何进行更好地分割。

3. 如何建立更有效的公共部门人力资本后续开发机制。

此外,由于调研经费和时间等的局限性,本书还存在着对公共部门人力资本价值实现现状的调研也还不够深入、分类也不够科学等不足。

公共部门人力资本价值实现问题是一个意义重大且深远的现实课题,对其深入研究,将有助于我国公共部门体制改革的深入推进,有助于建立一个公共部门人力资本个体和公共部门双赢的机制,有助于更好地实现公共部门的成功转型和个体人力资本的充分发挥。路漫漫其修远兮,吾将上下而求索。以上的不足将激励着我以本书作为起点,在学术的殿堂进行更深的探索。

参 考 文 献

［1］Theodore.W.Schultz. Investment in Human Capital，Collier-Macmillan Ltd，London，1971.

［2］Edward Lazear. Human Wealth and Human Capital，The Brooking Institution，Washington，D.C，1995.

［3］张成福,党秀云.公共管理学［M］.北京:中国人民大学出版社,2001.

［4］王德高主编.公共管理学［M］.武汉:武汉大学出版社,2005.

［5］陈振明主编.公共管理学［M］.北京:中国人民大学出版社,2003.

［6］中国(海南)改革发展研究院编.政府转型与建设和谐社会［M］.北京:中国经济出版社,2005.

［7］吴东民等主编.非营利组织管理［M］.北京:中国人民大学出版社,2003.

[8] 陶秉元主编.现代公务员制度概论[M].西宁:青海人民出版社,2007.

[9] 萧鸣政.人力资源开发与管理[M].北京:北京大学出版社,2005.

[10] 赵曼主编.公共部门人力资源管理[M].北京:清华大学出版社,2005.

[11] 曾国平主编.人力资源开发与管理[M].重庆:重庆大学出版社,2005.

[12] 肖鸣政等主编.人员素质测评[M].北京:高等教育出版社,2003.

[13] 张文贤.管理入股:人力资本定价[M].上海:立信会计出版社,2001.

[14] 张文贤.人力资源会计[M].大连:东北财经大学出版社,2002.

[15] [美]伊兰伯格,史密斯.现代劳动经济学[M].北京:中国人民大学出版社,1999.

[16] 文跃然.薪酬管理原理[M].上海:复旦大学出版社,2004.

[17] [美]哈尔·R.范里安.微观经济学:现代观点[M].上海:上海三联书店,2006.

[18] [美]保罗·萨缪尔森,威廉·诺德豪斯.经济学[M].北京:华夏出版社,1999.

[19] 洪远朋主编.经济理论比较研究[M].上海:复旦大学出版社,2002.

［20］黄泰岩、杨万东主编.中国经济热点前沿[M].北京：经济科学出版社,2005.

［21］李仁君.价值理论[M].北京：中央文献出版社,2004.

［22］[英]威廉·配第.政治算术[M].陈冬野译.北京：商务印书馆,1978.

［23］[美]加里·S.贝克尔.人力资本理论[M].北京：中信出版社,2007.

［24］李宏彬,张俊森.中国人力资本投资与回报[M].北京：北京大学出版社,2008.

［25］[美]西奥多·W.舒尔茨.人力资本投资——教育和研究的作用[M].北京：商务印书馆,1990.

［26］王德劲.我国人力资本测算及其应用研究[M].成都：西南财经大学出版社,2009.

［27］李康.人力资本管理理论与实证研究[D].博士学位论文,天津大学图书馆,2004.

［28］王海刚.人力资本价值评估在企业中的应用研究[D].硕士学位论文,大连：大连理工大学图书馆,2004.

［29］孙海华.中国西部各省对外开放竞争力评价研究[D].西北大学博士学位论文,2007.

［30］陈瑞祥.公共部门人力资本定价机制研究[D].浙江大学博士学位论文,2010.

［31］王凌峰.基于定序合作博弈模型的人力资本定价级差问题研究[D].武汉理工大学博士学位论文,2009.

［32］董国强.我国高校教师人力资本定价研究[D].西北大学博士学位论文,2010.

[33] 刘贝妮.我国高校教师过度劳动问题研究[D].首都经济贸易大学博士学位论文,2017.

[34] 尹典.我国人力资本存量及其对经济增长的影响实证研究[D].吉林大学博士学位论文,2017.

[35] 汪运波.中国人力资本存量微观评价研究[D].青岛大学博士学位论文,2015.

[36] 黄维德,王达明.人力资本张力:一个理解人力资本价值形成和实现的新视角[J].求索,2014(2).

[37] 阎光才.年长老师:不良资产还是被闲置的资源[J].北京大学教育评论,2015(2).

[38] 高学哲等.消费风险与政府管制:一个基于产权理论的视角[J].预测,2006(2).

[39] 王洋.从另一种视角看行政学的发展历程[J].行政改革,2000(3).

[40] 王乐夫,张富.公共行政的价值范畴研究[J].安徽大学学报,2004(2).

[41] 刘霞.公共管理学科前沿与发展趋势[J].公共管理学报(第一卷),2004(2).

[42] 马俊,郭巍青.公共管理:新的研究方向[J].武汉大学学报(社会科学版),2002(1).

[43] 王乐夫,陈干全.公共管理的公共性及其与社会性之异同析[J].中国行政管理,2002(6).

[44] 王乐夫.从"公"与"共"的异同看公共管理的基本特征及其实现形式[J].内蒙古财经学院学报(综合版),2006(2).

[45] 王乐夫,倪星.我国经济社会转型期的政府管理创新研究[J].学术研究,2005(11).

[46] 王乐夫,张富.试论公共行政价值异化[J].中山大学学报(社会科学版),2004(4).

[47] 王乐夫.论公共管理的社会性内涵及其他[J].政治学研究,2001(3).

[48] 夏书章.对现代公共管理人员素质的基本要求[J].河南社会科学,2005(3).

[49] 芮明杰,郭玉林.智力资本的界定及其价值度量[J].上海管理科学,2002(4).

[50] 芮明杰,郭玉林.智力资本激励的制度安排[J].中国工业经济,2002(9).

[51] 赵小燕.公共部门人力资源管理改革需解决的问题[J].科技创业月刊,2004(9).

[52] 陈昌兵.可变折旧率估计及资本存量测算[J].经济研究,2014(12).

[53] 聂晴.公共部门人力资源管理现状及对策分析[J].兰州学刊,2005(3).

[54] 栗玉香,冯国有.人力资本价值的确定与高校教师收入分配制度创新[J].教育科学,2003(4).

[55] 陈小锋.人力资本价值增值的评估模型.江西财经大学学报[J].2005(6).

[56] 方超,罗英姿.教育人力资本及其溢出效应对中国经济增长的影响研究—基于lucas模型的空间计量方法[J].教

育与经济,2016(4).

[57] 李红松.人力资本的价值评估模型研究[J].湖南经济管理干部学院学报,2005(3).

[58] 严力群.基于长期契约的企业人力资本价值评估及应用研究[J].当代经济管理,2005(4).

[59] 焦斌龙,焦志明.中国人力资本存量估算:1978～2007[J].经济学家,2010(9).

[60] 胡军.人力资本价值评估未来发展方向的分析[J].当代经济,2005(4).

[61] 刘琪,黄明勇.对我国人力资本价值评估的理论探讨[J].中南财经政法大学学报,2005(3).

[62] 李海峥,梁赟玲,Barbara Fraumeni,刘智强,王小军.中国人力资本测度与指数构建[J].经济研究,2010(8).

[63] 国外人力资本理论及其借鉴意义——冯子标教授访谈[J].国外理论动态,2004(7).

[64] 杨丽,孔宪香.国外人力资本价值测量模型分析[J].山东轻工业学院学报,2005(2).

[65] 钱雪亚,刘杰.中国人力资本水平实证研究[J].统计研究,2004(3).

[66] 孟望生,王询.中国省级人力资本水平测度——基于成本法的永续量盘存技术[J].劳动经济研究,2014,2(4).

[67] 刘纯阳.西方人力资本理论的发展脉络[J].山东农业大学学报,2004(4).

[68] 祝立宏.论人力资本的价值实现[J].工业技术经济,

2002(6).

[69] 胡守忠.企业实现人力资本价值的研究[J].北京航空航天大学学报,2004,17(2).

[70] 沈菊琴,董丽丽.人力资本价值实现与政策的关系研究[J].财会通讯,2004(7).

[71] 郑文力、马健等.我国人力资本价值实现的问题及对策[J].发展研究,1999(2).

[72] 胡晓玉,李大为.关于人力资本价值及其有效实现的研究[J].求是学刊,2003(2).

[73] 郭东杰.分配制度变迁中人力资本价值的实现形式[J].经济体制改革,2002(1).

[74] 申学武,关培兰.人力资本价值实现的制度设计[J].江汉论坛,2005(1).

[75] 秦中甫.人力资本价值实现方式探讨[J].中州煤炭,2005(6).

[76] 暴金玲.隐性人力资本价值的度量与实现[J].集团经济研究,2005(3).

[77] 陈浩天等.转型期我国公共部门人力资源开发的制约因素与完善对策[J].人才资源开发,2006(2).

[78] 宋斌.政府部门人力资源开发创新的动力与机制[J].中国行政管理,2003(12).

[79] 张和平.西部少数民族地区人力资源开发的特殊性[J].青海民族学院学报,2004(4).

[80] 张和平.西北少数民族地区人力资源开发的路径

[J].青海社会科学,2006(5).

[81] 陶秉元.建设服务型政府[J].铜陵职业技术学院学报,2006(3).

[82] 陶秉元,陈书伟.青海人才职业流动状况分析及对策[J].青海社会科学,2007(2).

[83] 张建英.浅论和谐社会追求中的政府创新[J].青海社会科学,2007(2).

[84] T. W. Schultz. Investment in Human Capital[J]. The American Economic Review,1961,51(1).

[85] 程民选,姚程.创新驱动的人力资本产权实现形式[J].财经科学,2017(9).

[86] 何亦名,姜荣萍.互联网行业人力资本产权的不确定性与知识隐藏的关系[J].广东社会科学,2016(2).

附录

公共部门人力资本价值实现状况调研访谈提纲

1. 访谈目标

为了对公共部门人力资本现状及价值实现情况进行一个大致的了解,以支撑本书的写作,特制作了这份访谈提纲。本提纲选取以政府部门为代表,为了保证访谈的有效性,在访谈开始之前将提交给被访谈部门的相关部门,访谈工作将在此基础上进行。访谈希望达成如下目标:

1.1 了解公共部门人员配置状况及价值增值情况;

1.2 了解公共部门人力资本价值实现状况;

1.3 在此基础上了解公共部门人力资本价值实现的体制性障碍,探索公共部门人力资本价值实现的机制。

2. 访谈内容

2.1 组织机构的运作模式

2.1.1 本部门采用何种人员管理方式？

2.1.2 目前人事行政部门开展的主要工作有哪几大类？

2.1.3 年初是否作单位人力资源规划，包括哪些方面的内容？

2.1.4 是否进行职工激励调查？

2.1.5 组织结构调整情况调查。

2.2 人员岗位编制管理

2.2.1 本单位的在册职工总数量和非在册员工数量。

2.2.2 是否作过岗位分析，请提供岗位说明书。

2.2.3 请介绍岗位定额与编制管理的情况。对空缺岗位如何管理？

2.2.4 目前是如何对岗位或员工进行分类管理的？

2.3 人员配置

2.3.1 您的专业与工作实践的对口情况如何？

2.3.2 在专业不对口的情况，在实际工作中遇到的最大问题是什么？

2.3.3 请你从定性的角度描述一下在弥补专业知识不足方面，你花费的时间、金钱和精力如何？请选择需要花费很大、比较大、较轻松。

2.4 薪酬与福利状况

2.4.1 您对现行公务员工资制度的评价如何？

2.4.2 您认为现行的工资制度能否及时有效地与经济发展水平及物价相适应？

2.4.3 您认为现行的职级间的工资级差和工资水平是否起到了调动积极性的作用？

2.5 **价值增值**

2.5.1 与您最初参加工作相比，你现在的能力在哪些方面得到提升，哪些方面有所下降？

2.5.2 在您刚参加工作时，有无针对自身发展情况的"职业生涯规划"？

2.5.3 在您工作过程中，针对您的培训有没有考虑您自身的情况个别进行？

2.5.4 您参加工作至今，在同一部门的不同职位上，都流动几次？请选择：A. 一次也没有；B. 一次；C. 两次；D. 三次及以上。

2.5.5 目前的工作对您是否具有挑战性？

后　　记

不曾想在我学术生涯中,所出的第一本书竟然是这本。这虽然看起来偶然,却也蕴含着必然。

说是偶然,决定将《公共部门人力资本价值实现研究》提交审核出版,完全是"临时起意",但也是毅然决然,从拾起最初的"半成品"到认真修改、斟酌和定稿,没有犹豫,基本上是从2018年3月开始,又在暑期集中精力完成。

说是必然,这是因为,在我高校从业生涯中,有两件事在一定程度上反映了公共部门人力资本价值实现的障碍及困难。第一件事是我的调动。我一直认为,一个时代的人,所经历的一切都深深地镌刻着这个时代的烙印和特征。从青海民族大学调往河南财经政法大学的经历,在某种程度上契合了我这本书的主题,反映了公共部门员工人力资本价值被抑制的时代特征。犹然记得,2014年5月开始提出调动,到2016年1月完全办理好,整整经历了一年又八个

后　　记

月,这仅仅是时间上,而在时间背后,从青海民族大学调往河南财经政法大学所经历的曲折和磨难,我不愿提及也不想回顾。在此,我并无意让自己回忆那段不堪的过往,我只是想表达,一个连自己的职业自由都不能自主决定的个体,谈何人力资本价值的实现,这也恰恰是我进行这本书写作的一个动力。第二件事是我的工资。众所周知,抛开少数高校人员通过其他诸如课题、兼职等获取的高工资之外,绝大多数的高校从业者其收入的绝大部分来源是学校收入。就我来说包括两大项,即财政工资和校内绩效,加起来差不多有10万左右。作为一个受过23年正规教育、有近十年从教经历的博士、副教授,这份收入显得有些微薄。我曾经调侃:"只靠本职,遵守规则,不兼职,不靠科研补贴,有几成高校教师能够养家糊口?"当然,这带有夸大其词的成分,但也在某种程度上反映了,作为公共部门重要组成的高校,其员工人力资本价值被严重低估的事实。为了让生活看起来更为体面,与一名大学教师的身份相匹配,不得不四处兼职。我曾经扪心自问:如果我的收入能够满足我的基本生活所需,我还会兼职吗? 我不止一次地强烈告诉自己,绝对不会。事实上,我更愿意集中全身心于本职的教学科研,因为这是我挚爱的事业。这也促使我思考公共部门人力资本价值实现的现实性和重要意义。

　　当前,我国正在经历着巨大的转型和变革。随着社会主义市场经济体制的确立并不断完善,公共部门人力资本价值低估的现实不足为惧,只要我们还有梦想和坚持。我一直相信,天无绝人之路,也一直坚信车到山前必有路。因此,无论何时,我都对未来充满着希冀与期望。我有一个梦想,梦想有一天,我可以拿着本职的收入,不用外出兼职,不用科研课题补助,安心而又专心于教学科研……相信这个梦想,在伟大的习近平新时代中国特色社会主义思想体系的指引下,一定能够早日实现。

  本书虽然从设计到执笔完成都由我一人进行,但没有出版社、同事及亲朋好友从不同角度给予帮助,我是无法完成这项繁杂的工作的。感谢书中涉及的各文献的作者,各位作者的观点给予本书的启发是无穷的,对于文献的评论如有不妥之处,敬请谅解。

  感谢在我人生的每一阶段的老师,没有你们的辛勤教育,就没有今天我能在此畅谈所思所想所感。尤其感谢我的硕士生导师张和平教授,此书是在张老师指导的我的硕士论文的基础上完成。张老师儒雅、大气、平和,不仅在我求学期间给予我无私的帮助和指导,而且在我此后的人生中,也时刻关注我,给我鼓励给我启迪助我成长。

  在这里也感谢西亚斯,在我艰难的一段时间里,雪中送炭,以双专教师身份聘请我,在实现价值的同时也在生活上获得了一个喘息的机会,让我这本书有了成书的可能。某种意义上,这本书也应该献给西亚斯,作为一个学者对以往经历的一种特殊记忆。

  感谢河南大学出版社的马博老师对该书出版给予的帮助,感谢该书的责任编辑肖凤英老师在出版过程中所付出的

后　　记

辛勤劳动。

由于本人水平有限,书中不可避免地存在这样或那样的问题,敬请读者给予批评指正!

陈书伟

2018年9月于郑州龙子湖畔